Liebe Leserinnen, liebe Leser!

*Von Leipzig aus startet **Tom Schulze** zu Fotorecherchereisen in die ganze Welt. Für diesen Band war er mehrere Monate in Namibia unterwegs – und das mit wachsender Begeisterung.*

Befragt man mich nach meinem Lieblingsreiseland, so lautet die Antwort schon seit Jahren: Namibia. Warum? Die unendliche Weite der Wüste, einzigartige Tiererlebnisse, die Freundlichkeit der Menschen und nicht zuletzt die grandiosen Lodges und liebevoll gestalteten Gästefarmen haben es mir angetan.

Die Exotik Afrikas ...

Die Begeisterung für das Land teile ich mit dem Autor dieses Bandes, Fabian von Poser, der schon als Kind von Namibia träumte, und mit dem Fotografen Tom Schulze. Eines seiner Highlight-Erlebnisse war die Fahrt mit dem Ballon über die höchsten Dünen der Welt. Dabei sind einzigartige Bilder entstanden (s. S. 34 ff). Zwar ist die Ballonfahrt einschließlich Champagnerfrühstück nicht ganz billig, dafür ist es aber auch wirklich ein traumhaftes Gefühl, über die Wüste zu schweben (siehe Aktivtipp S. 49). Oder soll es lieber in die Tiefe gehen? Zu den großen Abenteuern in Namibia gehört eine Trekkingtour durch den Fish River Canyon. Fabian von Poser begleitete eine Gruppe, die mit Mulis und Pferden im zweitgrößten Canyon der Welt unterwegs war. Die schönsten Momente waren für ihn die abendlichen Stunden am Lagerfeuer, den grandiosen Himmel Afrikas über sich ... (s. S. 117).

*Seit 1997 arbeitet **Fabian von Poser** als Journalist und freier Autor. Einer seiner Arbeitsschwerpunkte ist das südliche Afrika. Mehr als ein Dutzend Reisen führten ihn bereits nach Namibia.*

... und deutsch inspirierte Lebensart

Eine tolle Art das Land zu bereisen, ist die Tour mit dem eigenen Mietwagen und der Übernachtung auf Gästefarmen. Viele der Farmer sprechen Deutsch und fühlen sich nicht nur für Unterkunft und Verpflegung ihrer Gäste zuständig, sondern organisieren auch Wanderungen, Rundfahrten oder Ausritte und stehen (fast) immer für ein Gespräch zur Verfügung. Die besten Adressen verrät Fabian von Poser auf S. 26 f.
Herzlich

Ihre

Birgit Borowski
Programmleiterin DuMont Bildatlas

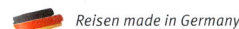

Impressionen

Windhoek und das Zentrum

Etosha und der Norden

Namib Naukluft Park

UNSERE FAVORITEN

BEST OF …

DuMont
Aktiv

Genießen   Erleben   Erfahren

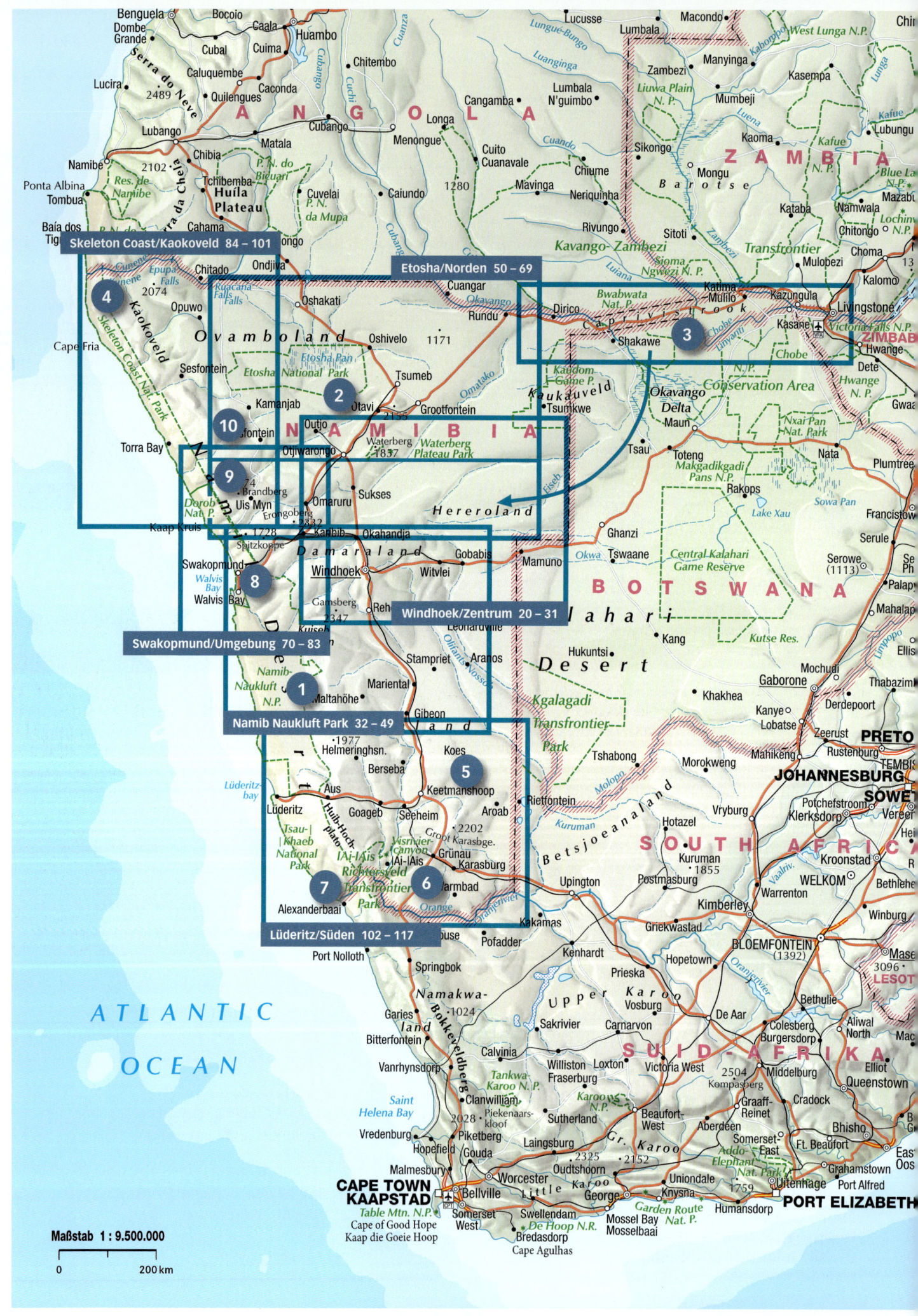

Maßstab 1 : 9.500.000

0   200 km

Topziele

Die bedeutendsten Sehenswürdigkeiten des Landes und Erlebnisse, die Sie auf keinen Fall versäumen dürfen, haben wir auf dieser Seite für Sie zusammengestellt. Auf den Infoseiten ist das jeweilige Highlight als TOPZIEL *gekennzeichnet.*

NATUR

1 Namib Naukluft Park: Die bis zu 300 Meter hohen Dünen des Sossusvlei verschaffen Eindrücke, die man nie wieder vergisst. **Seite 47**

2 Etosha-Nationalpark: An den Wasserlöchern des Parks beobachtet man eine faszinierende Tierwelt. **Seite 67**

3 Caprivi-Zipfel: In den feuchten Sumpflandschaften haben Elefanten „Vorfahrt" und äsen Büffel, in den Süßwasserpools sonnen sich Hippos und Krokodile. **Seite 68**

4 Skeleton Coast National Park: Der Park ist alles andere als lieblich. Doch genau das macht auch seinen ganz besonderen Reiz aus. **Seite 100**

5 Köcherbaumwald: Zwar gibt es in Namibia viele Orte, an denen die seltenen Bäume wachsen, doch keiner ist so schön wie dieser. **Seite 116**

AKTIV

6 Fish River Canyon: Der 161 Kilometer lange Fish River Canyon ist eines der größten Naturwunder des südlichen Afrika – und ein Trekkingparadies par excellence. **Seite 116**

ERLEBEN

7 Tsau-‖Khaeb-(Sperrgebiet)-Nationalpark: In der Einsamkeit der Namib liegen rund 100 Jahre alte, teils völlig von Sand bedeckte Diamantenstädte. **Seite 116**

KULTUR

8 Swakopmund: Jugendstil- und Barockfassaden in einer Stadt, die sich in den letzten Jahren deutlich gewandelt hat. **Seite 81**

9 Brandberg: Namibias höchster Gipfel ist ein großartiges Wanderrevier und ein riesiges Freilichtmuseum mit beeindruckenden prähistorischen Felszeichnungen. **Seite 99**

10 Twyfelfontein: Nicht versäumen sollte man auch eine Erkundung der von der UNESCO als Erbe der Welt geschützten Felsgravuren in diesem faszinierenden „Louvre der Wüste". **Seite 99**

Jäger und Sammler

Namibias Urbevölkerung, die auch als „Buschmänner" bekannten San, repräsentiert heute mit
knapp zwei Prozent der Einwohner die kleinste
ethnische Gruppe des Landes. Als nomadische
Jäger und Sammler wie einst ihre Vorfahren leben
nur noch die wenigsten von ihnen. Die meisten
arbeiten auf einer Farm, als touristische Fährtenleser oder als Führer von Wildniswanderungen
wie hier im rund 130 Kilometer nordwestlich von
Windhoek gelegenen Aabadi Bush Camp.

Natur pur

....

„Epupa" heißt in der Sprache der Herero – einer
weiteren Ethnie des Landes, deren zwölf wichtigste die zwölf Strahlen der Sonne in der namibischen Flagge symbolisieren – „fallendes Wasser".
Und genau das ist es auch, was das Wasser der
Epupafälle am Kunene River macht: fallen. In
eine rund 40 Meter tiefe Schlucht nämlich.

Faszination Tierwelt

Wasser ist Leben – das wissen auch die Elefanten
und der Springbock am Wasserloch Nebrowni im
Etosha-Nationalpark. Warum das Loch so heißt,
kann an dieser Stelle leider nicht beantwortet
werden. Dass Wasserlöcher in Namibia überhaupt
einen Namen haben, sagt aber auch schon einiges
– anderswo benennen sie Gipfel. „Etosha" jedenfalls bedeutet sinngemäß „der große weiße Platz".
Und dieser Name, betrachtet man nur mal dieses
Bild, erklärt sich nun wirklich von selbst.

Tradition und Alltag

....

Bis heute haben sich die traditionell im Kaokoveld
als Viehzüchter lebenden Himba ihre ursprüng-
liche Lebensweise bewahrt. Dazu gehört die traditionelle Reinigungszeremonie der Frauen, für die
sie ein Feuer aus aromatischen Kräutern und
Ästen entfachen. Im aufsteigenden Rauch löst
sich die rote Paste auf ihrer Haut, mit der sie sich
jeden Morgen neu einreiben – Schönheitsideal
und Schutz vor der Sonne wie vor Stechmücken
gleichermaßen.

Licht und Schatten

....

Wie bei diesem in Lüderitz eine Straße entlang-
gehenden Herrn vorne links schön zu erkennen
ist, wird dieser von seinem Schatten begleitet.
Das ist auch gut so, denn in den Anfangstagen
der Fotografie glaubte mancher, mit dem Foto
würde dem Fotografierten sein Schatten – die
Seele, seine Identität – geraubt. Und ohne diese
Metapher überstrapazieren zu wollen: In einem
Land, das erst im Jahr 1990 seine Unabhängigkeit
erlangte und mehrere Völker verschiedenster
Herkunft zu einer Nation zusammenschweißen
musste, kommt es schon sehr darauf an, dass
Identitäten gewahrt bleiben.

Die besten Spots zur Tierbeobachtung

Großes Kino

Vom subtropischen Caprivi-Streifen und dem wildreichen Etosha-Nationalpark über die Dünen der Namib bis hin zu den fischreichen Gewässern an der Atlantikküste – Namibia hat eine schier unglaubliche Tiervielfalt zu bieten. Die besten Spots zur Tierbeobachtung in Namibia finden Sie hier auf einen Blick.

1 Bwabwata-Nationalpark

Im Überschwemmungsgebiet des Kwando-Flusses leben Elefantenherden von biblisch anmutender Größe, dazu Flusspferde, Krokodile, Büffel, Lechwe-, Sitatunga-, Pferde- und Rappenantilopen sowie Löwen, Hyänen und Leoparden. Mit etwas Glück begegnet man sogar dem seltenen Afrikanischen Wildhund. Von Sonnenaufbis Sonnenuntergang geöffnet, Eintritt über das Tor an der B 8 bei Kongola.

Namibia Wildlife Resorts, Tel. 064 6 12 85 72 00, www.nwr.com.na

2 Etosha-Nationalpark

Rund um die 6000 Quadratkilometer große Etosha-Pfanne, die die Ovambo „großer weißer Platz" nennen, lebt alles, was in Namibias Tierwelt Rang und Namen hat: Elefanten, Nashörner, Giraffen, Springböcke, Zebras, Oryx-Antilopen, Impalas, Gnus, Löwen, Leoparden, Hyänen und Geparden sowie 340 Vogel- und 114 Reptilienarten. Um Nashörner zu beobachten, sind die Wasserstellen von Okaukuejo und Chudob bei Namutoni am besten geeignet. Löwen sieht man häufig an den Wasserstellen von Kalkheuvel und Salvadora, große Elefantenherden unter anderem an der Wasserstelle Goas. Der Etosha-Nationalpark kann über die vier Tore Anderson Gate (Süden), Von Lindequist Gate (Osten), Galton Gate (Westen) und King Nehale Gate (Norden) erreicht werden und ist von Sonnenauf- bis Sonnenuntergang geöffnet.

Namibia Wildlife Resorts, Tel. 064 6 12 85 72 00, www.nwr.com.na

3 Waterberg Plateau Park

Mit 48 Kilometer Länge und 15 Kilometer Breite ist der Waterberg eine der markantesten Landmarken des Landes. Stars in der Manege sind hier die seltenen Breitmaul- und Spitzmaulnashörner. Insgesamt können 90 Säugetierarten und mehr als 200 Vogelarten (Abb. 3 zeigt einen zur Familie der Prachtfinken gehörenden Buntastrild) beobachtet werden. Das Areal lässt sich auf mehreren Routen erkunden, zweimal am Tag gibt es Pirschfahrten mit den Park-Guides.

Namibia Wildlife Resorts, Tel. 064 6 12 85 72 00, www.nwr.com.na

4 Skeleton Coast National Park

Hier leben riesige Kolonien von Ohrenrobben, die von Schakalen und Hyänen belagert werden. Hauptattraktion sind die sagenumwobenen Wüstenelefanten und -löwen in den endlosen Weiten des Kaokovelds. Die Parktore im Süden (Ugabmund) und im Osten (Springbokwater) haben nur bis 15.00 Uhr geöffnet. Wer nicht in einem Camp übernachten möchte, muss den Park bis 17.00 Uhr verlassen.

Namibia Wildlife Resorts, Tel. 064 6 12 85 72 00, www.nwr.com.na

Map labels:
ANGOLA
ZAMBIA
ATLANTISCHER OZEAN
Etosha-Pfanne
Rundu
Grootfontein
NAMIBIA
Swakopmund
Walvis Bay
Windhoek
BOTSWANA
Mariental
Kalahari
Keetmanshoop
Lüderitz (!Nami≠nûs)
SÜDAFRIKA

5 Sandwich Harbour

Südlich von Walvis Bay liegt eine zehn Kilometer lange Lagune, die durch die Ramsar-Konvention geschützt ist. In den seichten Gewässern von Sandwich Harbour halten sich je nach Jahreszeit bis zu 450 000 Tiere auf, darunter Zehntausende Flamingos, Pelikane, Kormorane und bis zu 170 000 Seeschwalben. Von Walvis Bay gelangt man nur in speziell geführten 4 x 4-Touren oder mit dem Kleinflugzeug hierher (nur tagsüber).

Sandwich Harbour 4 x 4, Tel. 064 20 76 63, www. sandwich-harbour.com

6 Namib Rand Nature Reserve

Mitte der 1980er-Jahre kaufte der Windhoeker Geschäftsmann Albi Brückner durch Jagd und Farmerei aus dem ökologischen Gleichgewicht gebrachte Farmen auf, ließ die Weidezäune niederreißen und siedelte einheimisches Wild an. Heute leben hier Oryx-Antilopen, Springböcke, Hartmannsche Bergzebras, Giraffen, Leoparden, Hyänen und Löffelhunde. Keine Selbstfahrertouren möglich.

Namib Rand Safaris, Tel. 064 61 23 06 16, www.wolwedans.com

7 Erindi Game Reserve

Das mehr als 700 Quadratkilometer große Wildreservat zwei Autostunden nördlich von Windhoek ist eines der größten privaten Wildschutzgebiete im südlichen Afrika. Heute leben hier mehr als 10 000 Tiere, darunter Elefanten, Nashörner, Giraffen, Löwen, Hyänen, Wildhunde und 310 Vogelarten. Es werden geführte Wildbeobachtungsfahrten angeboten, auch Selbstfahrer können von Sonnenauf- bis zum Sonnenuntergang das Areal erkunden.

Erindi Game Reserve, Tel. 064 57 08 00, www.erindi.com

8 Namib-Wüste bei Aus

Seit mehr als 100 Jahren fristen die Pferde von Garub ein asketisches Dasein in der Namib. Die Herde setzt sich aus den Nachkommen von Tieren der deutschen Schutztruppe und versprengten Pferden der südafrikanischen Armee zusammen, die sich bei Aus im Ersten Weltkrieg heftige Gefechte lieferten; In dieser Zeit haben sie sich bestens an die hiesigen Umweltbedingungen angepasst. In Dürreperioden wie 1992, 1998 und aktuell seit 2012 müssen die Tiere immer wieder zugefüttert werden. Weil durch den wachsenden Naturschutz seit der Unabhängigkeit auch Raubtiere Schutz genießen und nicht mehr von Farmern geschossen werden dürfen, werden viele Fohlen von Hyänen gefressen. Die Population schwankt deshalb zwischen knapp 100 und beinahe 300 Tieren. Derzeit sind es etwa 160. Die Pferde können an der Wasserstelle von Garub 20 Kilometer westlich von Aus beobachtet werden.

Namibia Wild Horses Foundation, Tel. 063 25 80 21, www.wild-horses -namibia.com

Ein guter Start

Kein Verkehrschaos, keine Hupkonzerte, keine Warteschlangen:
Windhoek wirkt aufgeräumt und
überschaubar. In der Independence
Avenue sind die Trottoirs blank
gewienert und die Palmen frisch
geschnitten. Nur ein paar Schritte
weiter kauern sich noch alte deutsche Fachwerkbauten unter ver-
glaste Hochhäuser. Doch hinter
den Fassaden trifft der Besucher
auf eine junge Stadt, die sich mit
riesigen Schritten in Richtung
Zukunft bewegt ...

Kult: „Joe's Beerhouse". Die urige Kneipe mit ihrem rustikalen Dekor
bietet Eisbein ebenso wie Oryx-Steak – und häufig Live-Musik.

Hochzeitsgesellschaft im Park vor dem „Tintenpalast", dem Sitz des namibischen Parlaments: Seinen Namen erhielt der lang gestreckte Verandenbau noch als Verwaltungssitz der Kolonialregierung, weil dort so viel Tinte verschrieben wurde.

Alltag in Windhoek: Viele historische Gebäude in der namibischen Hauptstadt fielen der Modernisierung in den 1960er- und 1970er-Jahren zum Opfer.

Hererofrauen in ihrer traditionellen Tracht im Park vor dem Tintenpalast.

Windhoek im Wandel: Neben der im Oktober 1910 eingeweihten Christuskirche der evangelisch-lutherischen Gemeinde steht nun das 2014 eröffnete Unabhängigkeitsmuseum.

Wer die Schnellstraße entlang auf planem Teer durch die Savanne geschwebt ist, dem wird bei der Ankunft sofort klar: Windhoek ist keine afrikanische Kapitale wie jede andere.

So, jetzt kann es nicht mehr weit sein. Die Farmhäuser rücken näher aneinander, immer öfter blinzeln ihre Windräder und Wasserbecken aus dem honiggelben Gras hervor. Schnurstracks laufen die Weidezäune geradeaus, wie mit dem Lineal gezogen flankieren sie die Straße. Ganze zwei Autos sind uns an diesem Sonntagmorgen nach der 40 Kilometer langen Geradeausfahrt vom Hosea Kutako International Airport nach Windhoek begegnet, sonst nichts außer Buschwerk und ein paar Affen am Straßenrand. Nach der dreißigminütigen Fahrt, die man gut und gerne auch freihändig hätte bewältigen können, kommt die erste Kurve fast wie aus dem Nichts, dann tauchen auch schon am Horizont die ersten Dächer von Namibias Hauptstadt auf.

Alle Straßen führen nach Windhoek

Die Ortseinfahrt erinnert eher an eine deutsche Kleinstadt: ein paar flache Bauten, zwei, drei Tankstellen und jede Menge Geschäfte für Dinge, die man in dieser Gegend wirklich braucht: Farmzäune, Handwerksbedarf, Angelutensilien. Sauber und geordnet läuft das Leben auf den Straßen ab, auf dem Sam Nujoma Drive oder der Nelson Mandela Avenue. Selbst auf der Independence Avenue, der in kaum fünf Minuten vom Stadtrand zu erreichenden Hauptschlagader Windhoeks, gibt es keine Staus, keine Hupkonzerte, keine Warteschlangen.

Für viele Besucher ist Windhoek nicht viel mehr als ein Start- und Landepunkt, meist bleiben sie nur eine Nacht am Anfang und am Ende ihrer Safari. Dabei hat diese Metropole viel mehr verdient als nur eine kurze Stippvisite. In den 1960er- und 1970er-Jahren, noch unter südafrikanischer Besatzung, fielen viele historische Gebäude der Modernisierung, zum Opfer. Deshalb gibt es mittlerweile auch hier schicke Shopping Center mit verspiegelten Glasfassaden, die Post Street Mall etwa oder die Maerua Mall.

Eines der größten Neubauprojekte mitten im Zentrum ist die Multi-Millionen Namibia-Dollar schwere Wohn- und Geschäftsimmobilie „Freedom Plaza" auf dem alten Parkplatz an der Independence Avenue. Mit dem Gebäudekomplex, zu dem neben dem Hauptsitz der First National Bank und dem brandneuen Hotel „Hilton Garden Inn" zahlreiche neue Büro- und Geschäftsanlagen sowie exklusive Wohnungen gehören, will die Stadtverwaltung noch mehr Fußgänger und Kaufkraft in die Stadt locken. Nur wenige Meter davon entfernt steht zwischen Christuskirche und Alter Feste das umstrittenste Neubauprojekt Windhoeks: das Unabhängigkeitsmuseum, für das das alte

Mickey Mouse als (Ober-)Lehrer und Superman am Barbecue: Orientierung ist geboten in einer Stadt, in der dem Máximo Lider der kubanischen Revolution ebenso eine Straße gewidmet wurde wie dem ersten deutschen Reichskanzler. Auch nach dem Ende der Apartheid leben Schwarz und Weiß in Windhoek immer noch voneinander getrennt – die Schwarzen in den gesichtslosen Vorstadtsiedlungen Katutura und Khomasdal, die Weißen (meist hinter hohen Mauern und Stacheldraht verschanzt) in den nicht minder gesichtslosen Villenvierteln Klein-Windhoek und Ludwigsdorf.

Reggae im Playhouse Theatre, einem ehemaligen Warenlager im Zentrum der Stadt

Straßenszene in Katutura

Die namibische Landfrage

Special

Ein schwelender Konflikt

Als Namibia im Jahr 1990 unabhängig wurde, war man sich einig: Nach und nach soll den weißen Farmern das landwirtschaftlich nutzbare Land entzogen und den Schwarzen zurückgegeben werden. Doch zweieinhalb Jahrzehnte später streitet man sich immer noch über die Modalitäten.

Zunächst sollte die Umverteilung quasi freiwillig, nach dem Prinzip „williger Verkäufer und williger Käufer", vorangetrieben werden, wobei der Staat ein Vorkaufsrecht geltend machen kann. Später deutete man an, dass die Umverteilung auch mittels Enteignung „beschleunigt" werden könne. Als in Simbabwe quasi über Nacht Hunderte Farmbesitzer vertrieben und ihre Farmen beschlagnahmt wurden, hörte man auch in Namibia einige populistische Stimmen, die einen ähnlichen Kurs befürworteten. Dennoch – oder gerade wegen der desaströsen Erfahrungen im Nachbarland – halten Experten die Gefahr einer gewaltsamen Entwicklung für nicht sehr wahrscheinlich. Hage Geingob, im März 2015 zum dritten Präsidenten des un-

Miteinander ist besser als gegeneinander.

abhängigen Namibia gewählt, schlägt in der Landfrage deutlich moderatere Töne an als seine Vorgänger. Deren Lösung aber bleibt eine nationale Bewährungsprobe: Während es schwarzen Farmern vielfach an Erfahrung und Know-how (auch ein Erbe des Apartheidsystems) fehlt, hält die Gefahr einer Enteignung weiße Farmer davon ab, ihre Betriebe weiter auszubauen. Zudem sind überhaupt nur 42 Prozent der Fläche Namibias landwirtschaftlich nutzbar – es regnet zu selten.

deutsche Monument des Reiters von Südwest in den Innenhof der Alten Feste umziehen musste. Kritiker monieren nicht nur die pompöse Architektur des golden leuchtenden Gebäudes und die martialischen Metaphern aus dem Unabhängigkeitskampf in den Ausstellungsräumen, sondern auch, dass man statt namibischer Architekten eine nordkoreanische Firma mit dem Bau beauftragte.

Auch außerhalb des Zentrums entwickelt sich die Hauptstadt rasant. Überall sprießen Galerien wie Pilze aus dem Boden, in denen junge afrikanische Künstler Bilder und Schmuck verkaufen. Überall gibt es kleine Bars und Internetcafés, fast an jeder Ecke werden neue hübsche „Places to stay" eröffnet.

Bald schon beginnt ein neuer Tag

Tagsüber strahlt die Kapitale fröhlich blau wie der Himmel fast an 365 Tagen über der Stadt. Abends aber, wenn die Dunkelheit das Leben aus den Straßen spült, wenn die Geschäfte zumachen und die Farmer sich auf ihre Landgüter zurückziehen, sind die Straßen der Innenstadt oft wie leergefegt, sieht man nur noch die Nachtwächter im gelben Licht der Straßenlaternen ihre Bahnen ziehen. Dann fühlt man sich ein bisschen wie am Ende einer Safari – wenn man nach dem obligaten Sundowner erschöpft ins Bett sinkt, um mit den ersten Sonnenstrahlen wieder wach zu sein. Denn bald schon beginnt ein neuer Tag.

GÄSTEFARMEN

Willkommen in Namibia!

Gästefarmen vermitteln ein Stück Heimat mitten in Afrika, deutsche Gastfreundschaft inklusive. Einige von ihnen sind so groß wie die deutschen Stadtstaaten Hamburg oder Bremen, andere heißen auch so.

Zum Farmalltag auf der Tivoli Southern Sky Guest Farm gehören Kontrollfahrten zu den Rinder- und Schafherden.

Gästefarmen sind eine deutlich günstigere Alternative zu den oft sehr teuren Lodges. Im Unterschied zu diesen leben die Inhaber der Gästefarmen meist noch von der Viehzucht oder von der Jagd. Früher war das Beherbergen von Gästen für sie nur ein netter Nebenverdienst, heute hat sich die Vermietung von Zimmern zu einem einträglichen Geschäft entwickelt. Dass viele Farmer deutsch sprechen, erleichtert das Kennenlernen. Neben Unterkunft und Verpflegung bieten die Gastgeber oft auch Rundfahrten, Grillabende, Wanderungen und Ausritte an. Abends isst man mit ihnen zusammen im Speisesaal, oder der Gastgeber kommt zum Sundowner auf ein Bier vorbei.

Die meisten Gästefarmen findet man im klassischen Farmland in Zentral- und Südnamibia. Oft weist nur ein kleines Schild auf sie hin. Wer Unterkunft und Familienanschluss sucht, sollte also die Augen aufhalten.

Wildbeobachtungsfahrten zu Geparden und Leoparden

Eines der traditionsreichsten, nun auf stattliche Größe angewachsenen Häuser ist die Düsternbrook-Gästefarm etwa 50 km nördlich von Windhoek. Spezialität des Hauses sind die Wildbeobachtungsfahrten zu den Geparden und Leoparden des privaten Wildparks der Farm. Außerdem lassen sich auf der Farm Giraffen, Flusspferde und Antilopen beobachten. Das aus Naturstein gebaute Haus aus der Siedlerzeit verfügt über einen Swimmingpool, im Restaurant werden selbstgebackenes Brot und Farmprodukte serviert.

Sehr traditionsreich ist auch die Immenhof Jagd- und Gästefarm der Familie von Seydlitz bei Omaruru etwa auf der Hälfte des Weges von Windhoek nach Etosha. Mit zwei Cessnas veranstaltet der Hausherr Rundflüge zu den wichtigsten Sehenswürdigkeiten Namibias, außerdem bietet er Tagesausflüge zu den Ovahimba im Kaokoveld an.

Zu den schönsten Gästefarmen Namibias gehört die Guestfarm Ghaub bei Grootfontein. Sie eignet sich auch ideal als Zwischenstopp auf dem Weg in den Etosha-Nationalpark. Das Haupt-

Johann Vaatz ist der stolze Betreiber der Düsternbrook Guest Farm.

gebäude der im Jahr 1895 gegründeten ehemaligen Missionsstation der Rheinischen Mission liegt eingebettet zwischen Palmen und grünen Wiesen. Die zehn Zimmer sind modern und komfortabel eingerichtet. Der Farmbetrieb ist noch intakt: Auf Ghaub werden Rinder gehalten, Bullen gezüchtet und Mais angebaut. Geführte Touren geben Einblicke in das namibische Farmleben. Hauptattraktion der Farm ist unzweifelhaft die Ghaub Cave. Im Jahr 1914 entdeckt, ist die 38 m tiefe und zweieinhalb Ki-

lometer lange Höhle die drittgrößte in ganz Namibia. Mit Helmen und Stirnlampen ausgestattet, führen die Gastgeber während der rund dreistündigen Touren in eine surreal wirkende Welt aus Stalaktiten und Stalagmiten.

Perfekt als Startpunkt für Fahrten in den Namib-Naukluft-Park, nach Sossusvlei und zu Schloss Duwisib ist die Haruchas Guest Farm 255 km südwestlich von Windhoek. Von den vier gemütlichen Zimmern hat man einen tollen Blick über das Farmgelände, es gibt auch einen Swimmingpool.

Kostenlose Broschüre, Kontakt

....

Willkommen in Namibia heißt eine Veröffentlichung des Namibia Tourism Board (NTB), in der viele Gästefarmen im ganzen Land aufgeführt sind. Kostenlose Bestellung beim Namibia Tourism Board, Schillerstraße 42–44, 60313 Frankfurt/Main, Tel. 069 13 37 360, www.namibia-tourism.com. **Düsternbrook Guest Farm**, Tel. 061 23 25 72, www.duesternbrook.net
Guestfarm Ghaub, Tel. 064 67 24 01 88, www.ghaub.com
Haruchas Guest Farm, Tel. 063 68 30 71, www.haruchas-namibia.de
Immenhof Jagd- und Gästefarm, Tel. 061 23 43 42, www.immenhofnamibia.com
Tivoli Southern Sky Guest Farm, Tel. 063 5 81 40, www.tivoli-astrofarm.de

Das Tor zu Namibia

Die namibische Hauptstadt – Regierungssitz, Wirtschafts- und Kulturzentrum sowie die einzige Universitätsstadt des Landes – ist wegen ihrer zentralen Lage der ideale Ausgangspunkt für Reisen in alle Landesteile. Alle Straßen führen sternförmig von Windhoek weg und wieder dorthin.

❶ Windhoek

Die namibische Hauptstadt liegt auf etwa 1600 Metern Höhe im Khomas-Hochland am Fuße der Eros- und Auas-Berge. Der Name Windhoek bedeutet auf Deutsch so viel wie „windige Ecke". Windhoek ist nicht nur der Regierungssitz Namibias, sondern auch das wirtschaftliche und kulturelle Zentrum des Landes. Die Stadt hat heute offiziell 350 000 Einwohner, die tatsächliche Zahl dürfte aber wesentlich höher sein. Die meisten Windhoeker wohnen in Vorstadtsiedlungen wie Khomasdal und in der wild wuchernden früheren Township Katutura.

SEHENSWERT/MUSEEN

Das meiste Leben spielt sich auf der **Independence Avenue** ab, der ehemaligen Kaiserstraße. Dort liegen auch die wichtigsten Geschäfte und Sehenswürdigkeiten. Eines der größten Gebäude dort ist das 1990, im Jahr der Unabhängigkeit Namibias, errichtete **Sanlam Center**, in dem sich auch die deutsche Botschaft befindet. Gegenüber liegen die Fassaden des von Wilhelm Sander gebauten **Restaurants Gathemann**, des **Hotels Kronprinz** und des **Erkrath-Hauses**. Zum neuen urbanen Zentrum enwickelt sich die „Freedom Plaza" mit dem 2011 eröffneten Hilton-Hotel, dem Hauptsitz der First National Bank und dem brandneuen „Hilton Garden Inn", Windhoeks zweitem Hilton Hotel. Spaziert man auf der Independence Avenue in Richtung Norden, gelangt man zum 1960 von dem deutschen Bildhauer Fritz Behn geschaffenen **Kudu-Denkmal**, einem der Wahrzeichen der Stadt. Biegt man von dort links in die Bahnhofstraße ein, ist der Bahnhof nicht mehr weit: Hier erreichte 1902 der erste Zug aus Swakopmund die fortan aufstrebende Stadt. Heute verkehrt hier mehrmals wöchentlich der Desert Express; ein Luxuszug, der Touristen über Nacht einmal quer durch die Namib von der Hauptstadt an die Küste nach Swakopmund fährt (Tel. 061 2 98 11 11, www.transnamib.com.na).
Der Bahnhofstraße in östlicher Richtung folgend kommt man zur **Turnhalle**, in der 1975 die erste verfassunggebende Versammlung Namibias stattfand, die „Turnhallen-Konferenz". Nach ihr ist bis heute auch die wichtigste Oppositionspartei benannt: Democratic Turnhallen Alliance (DTA). Heute ist die Turnhalle ein öffentliches Konferenzzentrum. Vor-

Oben: Vor dem Unabhängigkeitsmuseum erinnert eine Statue an den Gründungsvater der namibischen Nation, Sam Nujoma. Rechts oben: Mit guten Tropfen gut gefüllt ist der Weinkeller im Hotel Heinitzburg. Darunter: das NICE Restaurant & Bar zählt zu den besten Ausgehadressen in Windhoek.

bei an der – einen guten Überblick über das Kunstschaffen in Namibia vermittelnden – **Nationalgalerie** in der Robert-Mugabe-Avenue und dem volkskundlichen **Owela-Museum** gelangt man zum **State House**, dem Amtssitz des namibischen Präsidenten. Etwas weiter den Hügel hinauf ist der von dem Architekten Gottlieb Redecker entworfene, 1913 fertiggestellte **Tintenpalast** heute Sitz des namibischen Parlaments. Nur einen Steinwurf davon entfernt liegt die ebenfalls von Gottfried Redecker entworfene **Christuskirche**: Dieses evangelisch-lutherische Gotteshaus wurde bis 1910 im überwiegend neoromanischen Stil erbaut; nur der spitze Turm erinnert an die Gotik. Die Buntglasfenster im Altarraum stiftete Kaiser Wilhelm II., die Bibel auf dem Altar seine Frau Auguste. Bis 2009 stand zwischen Christuskirche und Alter Feste das berühmte Reiterdenkmal. Dann aber wurde es verschoben, um an seinem Platz das neue **Unabhängigkeitsmuseum** zu errichten. Der futuristisch anmutende Bau ist aufgrund seiner optischen Prä-

senz zwar so etwas wie ein neues Wahrzeichen von Windhoek, aber aufgrund seiner pompösen Optik und der martialischen Darstellungen aus der Zeit des Unabhängigkeitskampfs umstritten. Das Reiterdenkmal selbst steht derzeit im Hof der Alten Feste. Von Adolf Kürle entworfen und am 27. Januar 1912, dem Geburtstag Kaiser Wilhelms II., enthüllt, erinnert es an die bei den Feldzügen gegen die Nama und Herero 1904 bis 1907 gefallenen deutschen Soldaten. Die **Alte Feste** selbst wurde ab 1890 als Hauptquartier der deutschen Schutztruppe unter Hauptmann Curt von François errichtet, um den Frieden zwischen den sich bekämpfenden Nama und Herero zu sichern – damals lag Windhoek genau zwischen den Gebieten dieser beiden verfeindeten Stämme. Wer von hier noch einen kleinen Fußmarsch machen will, kann einen Abstecher zu den drei „Stadtburgen" **Schwerins-**, **Heinitz-** und **Sanderburg** machen, die alle drei nach Plänen des deutschen Architekten Wilhelm Sander in den Jahren 1913 bis 1917 errichtet wurden.

Bedrohte Kultur

Tipp

Wer sich für die Ureinwohner Namibias interessiert, der fährt ins Living Museum, das an der C44 auf halber Strecke zwischen Grootfontein und Tsumkwe in dem kleinen Dorf Grashoek gelegen ist. Dort erklären die San, wie man in der Wüste überlebt. Auch Campingmöglichkeiten werden angeboten.

JU/'HOANSI LIVING MUSEUM
www.lcfn.info

UNTERKÜNFTE

€ Hotel Pension Moni Nur einen Steinwurf vom Zentrum entfernt liegend, ist die Pension Moni der ideale Ort, um eine Safari zu beginnen oder abzuschließen. Die 17 Zimmer sind einfach, aber liebevoll eingerichtet. Großer Pool (Rieks van der Walt Street, Tel. 061 22 83 50, www.monihotel.com).

€€ The Village Courtyard Suites Das sympathische Haus liegt zentrumsnah im Stadtteil Eros. Es bietet geräumige Apartments, verschiedene Suiten und einen tollen Innenhof mit einem schönen Teich, um den sich die Tische des portugiesischen Restaurants „The Social" und der Tagesbar „Fresh'n'Wild" (18 Liliencron Street, Windhoek, Tel. 081 1 25 21 22, www.village courtyardsuites.com) gruppieren.

€€ Hotel Heinitzburg Hoch über den Dächern von Windhoek gelegen, sind die Zimmer geräumig, elegant und stilvoll eingerichtet. Alle verfügen über Klimaanlage, Telefon, Tresor, Minibar, TV und Musikanlage. Exzellente Küche in vier Restaurants (22 Heinitzburg Street, Tel. 061 24 95 97, www.heinitzburg.com).

€€€ Hilton Windhoek Der riesige Neubau mit 150 Zimmern liegt unmittelbar im Zentrum an der Independence Avenue. Die Zimmer und Suiten sind mit traditionellem afrikanischen Dekor ausgestattet, verfügen über King-Size-Betten, TV und drahtloses Internet. Dazu gibt es einen beheizten, 18 Meter langen Swimmingpool, Fitness-Center und Spa (Rev. Michael Scott St., Tel. 061 2 96 29 29, www.hilton.com).

€€€ The Olive Exclusive Gemeinsam mit dem Hilton ist dieses exklusive Haus derzeit das Nonplusultra des Windhoeker Beherber-

gungswesens. Das stilvoll eingerichtete Hotel bietet nur sieben Suiten, die aber haben es in sich. Die riesigen Glasfenster zeigen zum Hof. Alle sind ruhig, geräumig und sehr komfortabel eingerichtet (22 Promenaden Street, Tel. 061 23 91 99, www.theolive-namibia.com).

RESTAURANTS

€€ Restaurant Am Weinberg Mittags werden exzellente leichte und feine Business-Lunches serviert, am Abend namibische Wild- und Fischgerichte à la carte (Jan Jonker Road 13, Tel. 061 23 60 50, www.amweinberg.com).

€€€ Restaurant Gathemann Vom Balkon übersieht man die gesamte Windhoeker Innenstadt. Bekannt ist das Restaurant vor allem für seine namibischen Spezialitäten. Dazu gibt es eine erlesene Auswahl südafrikanischer Weine (175 Independence Ave, Tel. 061 22 38 53).

€€€ NICE Restaurant & Bar Der Name klingt nüchtern: The Namibian Institute of Culinary Education (NICE). Das Restaurant ist eine Schule für (Sterne-)Köche und einer der elegantesten Ausgehplätze in ganz Windhoek mit mehreren modernen Speisesälen, Weinbar und Sushibar. Kulinarische Genüsse auf hohem Niveau (Mozart Street 2, Tel. 061 30 07 10, www.nice.com.na).

VERANSTALTUNGEN

Zu den skurrilsten Erlebnissen einer Namibia-Reise zählt der Besuch des **Windhoeker Karnevals** Ende April, Anfang Mai.

SHOPPING

Zahlreiche Geschäfte mit afrikanischer Kunst, Lebensmitteln und Kleidung gibt es in der Post Street Mall im Zentrum. Die reichhaltigste Verkaufsausstellung mit afrikanischer Kunst und Kunsthandwerk in Windhoek aber ist die **Bushman Art Gallery** gleich um die Ecke (187 Independence Avenue, Tel. 061 22 88 28, www.bush manart-gallery.com).

INFORMATION

City of Windhoek, Post Street Mall, Tel. 061 2 90 20 93, www.windhoekcc.org.na, www.whatsonwindhoek.com

② Daan Viljoen Game Park

Seit den 1960er-Jahren ist der 24 Kilometer vor den Toren der Hauptstadt gelegene, knapp 40 km² große **Daan Viljoen Game Park** ein bei Windhoekern wie Touristen gleichermaßen beliebter Ausflugsort. Selbstfahrer können auf einem der 12 Campingplätze in der ersten Nacht nach der Ankunft ihre Ausrüstung ausprobieren. Dazu gibt es seit 2012 auch 19 komfortable Chalets. Buchung: Sun Karros Daan Viljoen, Tel. 061 23 23 93, www.sunkarros.com.

③ Okahandja

In diesem lebhaften Städtchen 60 Kilometer nördlich von Windhoek findet jeden August ein Ahnen-Gedenktag der Herero statt.

SEHENSWERT …

… ist die 1876 von Deutschen erbaute **Friedenskirche**. Auf dem **Friedhof** finden sich noch zahlreiche Gräber von Soldaten der deutschen Schutztruppe. Auf der anderen Seite der Straße liegen Herero-Häuptlinge begraben und der Nama-Führer Jan Jonker Afrikaaner.

UNTERKÜNFTE

€€ Okapuka Ranch Etwa 30 Kilometer südlich von Okahandja direkt an der B1 nach Windhoek gelegen, sind die 16 Zimmer in den mit Grasdach ausgestatteten Chalets in eine schöne Buschlandschaft eingebettet (Tel. 061 23 46 07, www.okapuka-ranch.com).

€€€ Erindi Private Game Reserve Die Old Traders Lodge dieses zwischen Okahandja und Kalkfeld verorteten, 710 km² großen Wildreservats verfügt über 46 Suiten inkl. fünf Deluxe-Suiten mit Blick auf das Wasserloch, Schwimmbad, WLAN und Kinderspielzimmer. Sehr gute

Namibias Hauptstadt liegt ziemlich genau in der geografischen Mitte des Landes.

Rustikal

Tipp

Nicht versäumen sollte man in Windhoek einen Besuch in **Joe's Beerhouse** mit seinem rustikalen Dekor. Das Restaurant bietet namibische und deutsche Speisen. Es eignet sich hervorragend, um die Safari stilvoll ausklingen zu lassen. Neben Bier gibt es zudem auch Jägermeister und andere hochprozentige Spezialitäten.

JOE'S BEERHOUSE
160 Nelson Mandela Avenue,
Tel. 061 23 24 57,
www.joesbeerhouse.com
Mo.–Do. ab 16.30, Fr.–So. ab 11.00 Uhr

Küche, exzellente südafrikanische Weine (Tel. 064 57 08 00, www.erindi.com).

④ Gross-Barmen-Thermalquelle

Mehr als 60 Grad heiß und mit ungeheurem Druck entspringt die Quelle von Gross-Barmen aus 2500 Meter Tiefe und wird dann – etwas abgekühlt – in verschiedene Becken eingelassen. Ihre Heilkräfte sind bis weit über die Landesgrenzen hinaus bekannt. Der Ort wurde 1844 als erste namibische Hererostation gegründet.

⑤ Rehoboth

Rehoboth ist die Heimat der „Rehobother Baster", wie die von weißen Buren und Nama-Frauen gebildeten Mischlingsfamilien (baster = afrikaans: Bastard) genannt werden. Unter der südafrikanischen Besatzung mussten sie sich den Rassengesetzen beugen, hatten aber einige Sonderrechte – so war ihnen Landbesitz erlaubt, und sie durften sich eine relativ eigenständige Verwaltung aufbauen.

MUSEUM
Das **Rehoboth Museum** im Old Postmasters House stellt Exponate zur namibischen Geschichte und der Rehobother Baster aus (Tel. 062 52 29 54, www.rebothmuseum.com, Mo.–Fr. 9.00–12.00, 14.00–16.00, Sa. 9.00–12.00 Uhr).

UNTERKUNFT
€€€ **Goche Ganas** Knapp 30 Kilometer vor Rehoboth gelegen, erwartet den Besucher in diesem 60 km² großen Naturreservat der pure Luxus. Das hauseigene Wellness Village verfügt über elf Behandlungsräume mit modernsten Geräten, beheiztes Hallenbad, Open- Air-Swimmingpool, Grottensauna, Kneipp-Duschen, Fitness-Geräte und Yoga-Einrichtungen (Tel. 061 22 49 09, www.gocheganas.com).

⑥ Gobabis

Die ruhige Kleinstadt Gobabis im Osten Namibias, das Verwaltungszentrum der Omaheke-Region, ist die einzige größere Ansiedlung in dieser menschenleeren Region am Rand der Kalahari. Rund um die Stadt liegen die meisten Viehfarmen Namibias, weswegen die Gegend auch *cattle country* genannt wird. Das **Gobabis Museum** in der Elim Street präsentiert Exponate zur Landwirtschaft und zur Kolonialgeschichte, ist aber nicht immer geöffnet – am besten vorher anrufen: Tel. 064 56 25 51.

UNTERKUNFT
€€ **Goba Lodge** Am Ufer des Nossob nur einen guten Kilometer vom Zentrum entfernt, bieten 22 Zimmer angenehmen Komfort. Recht großer Garten mit einem Schwimmbad und einem schönen Restaurant (Tel. 062 56 44 99, www.goba.iway.na).

Genießen   Erleben   Erfahren

Am Rand der Stadt

DuMont Aktiv

Katutura, das ärmste Viertel Windhoeks, ist zum Touristenziel geworden. Eine Townshiptour in die Schwarzensiedlung führt zu den Wurzeln der Apartheid in Namibia und zeigt eindrucksvoll, wie sich die Bevölkerung heute selbst hilft auf dem Weg in eine bessere Zukunft.

„Are you from Germany?" Der kleine Samuel ist außer sich vor Freude, hier Fremde zu treffen, mitten auf dem Markt von Katutura. Nicht oft, aber immer öfter verirren sich Touristen in die einstige Township. Der Name Katutura, der sinngemäß „der Ort, an dem wir nicht bleiben können" heißt, sagt schon vieles über diese Wellblechsiedlung am Rand der Stadt aus. Offiziell hat die 1959 von der südafrikanischen Besatzungsmacht für die schwarze Bevölkerung eingerichtete Township heute 300 000 Einwohner, aber niemand weiß, wie viele es wirklich sind. Jeden Tag kommen neue Landflüchtlinge hinzu, auf der Suche nach Arbeit.

Dass sich die Lebensbedingungen dennoch verbessert haben, hat auch damit zu tun, dass sich viele der Einwohner heute selbst helfen. So entstanden in den vergangenen Jahren zahlreiche Selbsthilfeeinrichtungen wie das Frauenprojekt Penduka, das auf allen Touren besucht wird. Hier bildet man Frauen zu Kunsthandwerkerinnen und Näherinnen aus. Mehr als 500 von ihnen erhielten in den vergangenen Jahren eine Ausbildung. „Viele von ihnen sind mittlerweile sehr erfolgreich, haben ihr eigenes Geschäft und verdienen jetzt ihr eigenes Geld", sagt Abind, unser Führer. Neben einigen Schauräumen,

Näherin im Frauenprojekt Penduka

In einem Friseursalon in Katutura

einem kleinen Laden, in dem die Produkte verkauft werden, und einem schönen Restaurant mit Blick auf den Goreangab-Stausee verfügt Penduka auch über einfache Unterkünfte und einen Campingplatz.

Weitere Informationen
Touren nach Katutura bietet zum Beispiel Face to Face Tours an (Tel. 061 26 54 46, www.face2facenamibia.com).

Auskünfte zum Penduka-Frauenprojekt (inkl. Webshop) findet man im Internet unter www.penduka.com.

Sand in Sicht!

Das glühend heiße Sandmeer
der Namib gibt Namibias größtem
Nationalpark sein Gesicht: eine
archaisch anmutende Landschaft
mit einer Tierwelt, die weltweit
ihresgleichen sucht. Der Namib
Naukluft Park ist nur an wenigen
Stellen für Besucher zugänglich.
Einer der spektakulärsten Orte ist
das Sossusvlei – jene Tonpfanne
am Ende des Tsauchab-Trocken-
flusses, die sich nur alle Jubeljahre
mal mit Wasser füllt.

So weit die Füße tragen: die Zentralnamib im Morgenlicht, wenn die Sonne
die Dünen in zwei Hälften teilt, eine goldgelbe und eine dunkle.

Wohin der Wind weht: Eine Fahrt mit dem Heißluftballon über das seit 2013 als Welterbe der UNESCO
geschützte Sandmeer der Namib mit den mächtigen
Dünen rund um das Sossusvlei ist ein Abenteuer mit
ungewissem Ausgang. Im Wortsinn: „Wo wir landen,
weiß nur der Wind", gibt man dem Reisenden mit
auf den Weg.

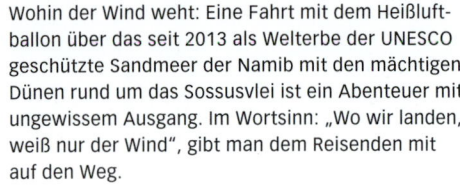

Kein Anblick kann diesen übertreffen: Wir stehen auf einer Düne mitten in der Namib. Um uns herum Tausende Quadratkilometer Einsamkeit, unter unseren Füßen nichts als Sand. Es ist sieben Uhr morgens, und die Sonne hängt wie eine Kupfermünze am Himmel. Auf diesen Augenblick hat die Namib offenbar nur gewartet, um ihren Malkasten vor uns auszupacken: Wie ein zarter Schleier aus Seide umschmeicheln die ersten Lichtstrahlen die Sandberge in allen Schattierungen von Rot. Regungslos beobachtet uns eine Oryx-Antilope von einer Düne und lässt sich die wärmenden Strahlen auf das Fell scheinen. Zu dieser wundersamen Stunde, da das erste Licht des Tages die Wüste nicht aus der Senkrechte, sondern aus der Waagrechte beleuchtet, teilt die Sonne die Sandberge in zwei Hälften: eine goldgelbe Hälfte und eine schwarze. Wie eine Schere zerschneidet sie die Kämme, wie ein Messer teilt sie die Scheitel.

Big Daddy: die höchste Düne weit und breit

„Wunderschön, nicht wahr?", meint Rambo, als wir barfuß im warmen Sand Big Daddy – die höchste Düne weit und breit – herunterrutschen. Minuten später holpern wir auf der Ladefläche seines Pickups vom Deadvlei, jener ausgetrockneten Salzpfanne mit Dutzenden toter Bäume, die schon für viele Werbespots als Kulisse diente, hinüber zum Sossusvlei. Rambo – eine resolute Gestalt: tiefschwarz, breite Schultern, Sonnenbrille – ist bei der staatlichen Parkgesellschaft angestellt und hat sich vorgenommen, uns jenes lange Band zu zeigen, das sich von Lüderitz im Süden über mehr als 400 Kilometer bis nach Swakopmund im Norden erstreckt.

Namibias größter Nationalpark ist mit einer Fläche von knapp 50 000 Quadratkilometern größer als die Schweiz. Doch nur ein verschwindend kleiner Teil davon kann bereist werden. Der bekannteste der öffentlich zugänglichen Plätze ist das trockene Flussbett des Tsauchab-Flusses

Wunder der Natur: Ganz oben ein Nest von Weber-
vögeln, darunter eine Oryx-Antilope, die in Namibia
„Gemsbock" genannt wird und ein Symbol für Aus-
dauer und Anpassung ist. Rechts: im Sesriem-Can-
yon des Tsauchab-Flusses.

Farben und Formen der Wüste: Namibia ist ein Land wie kurz nach der Schöpfung.

Die schönste Freude erlebt man immer da, wo man sie am wenigsten erwartet hat.

Antoine de Saint-Exupéry

mit Sossusvlei als dem Höhepunkt jeder Namibia-Reise.

Die Weite saugt die Erinnerung auf wie ein Schwamm

Einen Vorgeschmack auf die Wüste bekommt man schon, wenn man, von Windhoek anreisend, vom namibischen Hochland hinunter zu den Dünen fährt. Die Zeit im Wagen verrinnt, ohne dass man etwas davon mitbekommt. Bereits nach ein paar Augenblicken weiß man nicht mehr, ob man eine, zwei oder vier Stunden unterwegs ist.

Die Strecke von Solitaire nach Sesriem am Eingang zum Namib Naukluft Park ist eine der schönsten des Landes.

Dieser liebliche Übergang in geschwungenen Kurven von der Graslandschaft in die Wüste betört die Sinne. Nach einiger Zeit spürt man das Rattern des Wagens nicht mehr. Die Gedanken fliegen: Hier eine Farm bauen, das wäre doch was. Andere haben genau das schon versucht: Einst war die Zucht von Karakulschafen am Rand der Namib ein gutes Geschäft. Doch mit dem Niedergang der Wollpreise in den 1970er-Jahren wurde es zunehmend unrentabler. Heute werden einige der ehemaligen Farmen für den Tourismus ausgebaut.

Rambos Toyota hat Mühe, sich durch den tiefen Sand die letzten Meter ins Sossusvlei zu fräsen. Doch er schafft es.

Mit dem Schloss Duwisib erfüllte sich Hansheinrich von Wolf – ein im Jahr 1904 als Mitglied der Schutztruppe ins Land gekommener Spross einer sächsischen Adelsfamilie – einen Lebenstraum: sein „Farmhaus" als „Burg" in der Wüste.

Mburumba Kerina

Namibias Namensgeber

Ein Mann in „seiner" Wüste: Ohne Mburumba Kerina hieße Namibia nicht Namibia.

Woher hat Namibia eigentlich seinen Namen? Von der Wüste Namib, antworten die meisten. Das stimmt auch. Aber die Geschichte dahinter kennen nur wenige.
Zu verdanken hat das Land seinen Namen einem Mann namens Mburumba Kerina. Der im Jahr 1932 in der namibischen Gemeinde Tsumeb geborene Kerina ging zu Beginn der 1960er-Jahre als Politikstudent nach Indonesien. Dort traf er den damaligen Präsidenten Achmed Sukarno. Als dieser ihn fragte, aus welchem Land er denn komme, antwortete Kerina: „Aus Südwest-Afrika." Darauf erwiderte der indonesische Präsident (der erste nach der Unabhängigkeit von den Niederlanden): „Sklaven und Hunde erhalten ihren Namen von ihren Haltern. Freie Menschen geben sich selbst Namen." Der Präsident empfahl Kerina, sich einen Namen für sein Land zu überlegen und diesen den Vereinten Nationen vorzuschlagen. In einem Beitrag für ein indonesisches Magazin, den er im Jahr 1965 verfasste, schlug Kerina vor, das Land im Falle der Unabhängigkeit „Republik Namib" zu nennen („Namib" bedeutet in der Sprache der Nama „Luftspiegelung" oder „große Fläche"). Zwar dauerte es dann noch 25 Jahre, bis das Land tatsächlich unabhängig wurde, aber Kerinas Name setzte sich durch – zuerst bei den Kämpfern der SWAPO, später auch bei den Vereinten Nationen. Im Jahr 1990 wurde das Land von „Südwest-Afrika" in „Namibia" umbenannt. Das Kuriose daran: Obwohl Kerina aus Namibia stammt, besuchte er in seinen 83 Lebensjahren nie die Namib; die meiste Zeit seines Lebens verbrachte er im Ausland. Erst im Jahr 2016, als ihn die Verantwortlichen der Gondwana Collection, eines der größten namibischen Tourismusunternehmen und Treuhänder eines kleinen Stücks der Namib-Wüste, in eine ihrer Lodges einlud, erlebte Mburumba Kerina „seine" Wüste das erste Mal hautnah.

Dann stoppt unser Wagen unter den Akazien. Stille. Kein Mensch weit und breit. Von den Bäumen krächzen die Raben, in der Ferne ziehen ein paar Springböcke durch den Sand. Wir steigen auf die Dünen über der Salzpfanne und schreiten ein paar Hundert Meter in die Wüste. Mal erklimmen wir einen Sandberg und beobachten das Dünenmeer, mal stapfen wir minutenlang in beinahe andächtiger Stille über einen Dünengrat – die Musik der Wüste hat ihre eigene Melodie, aber jeder Ton wird sofort vom Sand verschluckt.

Die älteste Wüste der Welt

Mit rund 80 Millionen Jahren ist die Namib die älteste Wüste der Erde: ein unwirtlicher Ort mit Tagestemperaturen von mehr als 55 Grad und Nachttemperaturen unter dem Gefrierpunkt. Doch die Wüste lebt – eine Reihe von Tieren hat es geschafft, sich über Jahrmillionen an die extremen Verhältnisse anzupassen.

„Die wahren Geheimnisse verbirgt die Namib unter dem Sand, für das menschliche Auge kaum sichtbar", sagt Rambo, als wir über einen Grat spazieren. Da ist zum Beispiel der winzige Palmato-Gecko mit seiner fast durchsichtigen Haut. Mit seiner langen Zunge wischt er sich bei schlechter Sicht den Sand wie mit einem Scheibenwischer von den Augen. Oder die Radspinne: Bei Gefahr stürzt sie sich zusammengekauert von jedem noch so hohen Dünenkamm mit der Rotationsgeschwindigkeit eines Ferrarireifens bei 300 Stundenkilometern hangabwärts und kommt oft erst nach 100 Metern am Fuß der Düne zum Stehen – eine ausgefeilte Technik, die jeden Angreifer zur Verzweiflung bringt.

Dass Tiere in der Namib überhaupt überleben können, verdanken sie ihrer Anpassungsfähigkeit – und dem Wind. Fast jede Nacht treibt dieser Nebelbänke, die sich über dem kühlen Benguela-Strom weit draußen auf dem Atlantik bilden, über die Dünen ins Landesinnere. Der Dunst dringt bis weit in die Wüste vor, manchmal bis zu 80 Kilometer. In vielen

„Der Mensch wird nur die Welt gewahr, die er schon in sich trägt", meinte einst Antoine de Saint-Exupéry, der in Sachen Wüste unbedingt (und immer) zu Rate gezogen werden sollte. Denn der Mann hat ja recht. Aber dass „die Welt" auch den Menschen trägt – und zwar in diesem Fall konkret eine der Dünen beim Sossusvlei eine ihrerseits (mindestens) die Welt umarmende Wüstenreisende –, ist ebenfalls wahr. Und eine durchaus angenehme Erfahrung noch dazu.

Millionen Jahren Evolutionsgeschichte haben einige Arten raffinierte Techniken entwickelt, um an die in der Luft schwebenden Wassertropfen heranzukommen.

So auch der Nebeltrinker-Käfer *(Onymacris unguicularis)*: Frühmorgens stellt er sich am Kamm einer Düne auf seine Vorderbeine, um sich mit dem auf seinem Körper kondensierenden Küstennebel volllaufen zu lassen. Manchmal sieht man ihn auch, wie er in aller Herrgotts-

Wie Strasssteinchen kleben die Sterne am Himmel. Eine archaische Landschaft, ein erhabener Moment.

frühe Nebelgräben anlegt: Die Seitenwände des Sandbaus werden so geschickt ausgerichtet, dass sich die Wassertropfen an ihm absetzen. Der Käfer muss dann nur noch an der Mauer entlanglaufen und kann das abperlende Wasser quasi im Vorbeigehen trinken.

Die beste Zeit einer Wüstentour

Nach einem Tag im Namib Naukluft Park ist man verwöhnt von großartigen Landschaften, von Bildern in Zinnober, Bernstein und Rostrot. Doch die beste Zeit einer Wüstentour ist die, wenn alle Fotos gemacht sind und der Wunsch nach einem kühlen Bier größer ist als der, das Gesehene im Bild festzuhalten. Dabei können einem die freundlichen Bediensteten der Sossus Dune Lodge hilfreich sein, die abends auf der Terrasse hoch über der Namib im flackernden Licht der Petroleumlampen gekühlte Getränke servieren.

Am Horizont versinkt die Sonne im Wüstensand, Minuten später steigt schon der Sichelmond hoch zum Firmament. Wie Strasssteinchen kleben die Sterne am Himmel. Eine archaische Landschaft, ein erhabener Moment. Und jetzt fehlt nur noch das kühle Bier.

ÖKOTOURISMUS

Vater Staat für Mutter Natur

*Namibia ist eines der ersten Länder der Erde, das den Naturschutz
in seiner Verfassung als Staatsziel festgeschrieben hat. Als Vorzeigeprojekt
gilt Wolwedans im privaten Namib-Rand-Reservat, doch auch im
übrigen Land setzen Unternehmen vermehrt auf nachhaltige Entwicklung –
selbst die staatliche Parkgesellschaft.*

Honiggelb mit einem Schuss
rosa leuchten die Dünen an
diesem Morgen. Schicht für
Schicht krabbeln die ersten Sonnenstrahlen die Sandberge hoch. Es ist
sechs Uhr morgens. Meine Zehenspit-
zen bewegen sich nach rechts und
nach links, um den Blick freizugeben.
Die Zeltwände sind hochgeklappt, die
Nase ist noch feucht vom Morgentau.
Im Morgengrauen hat man uns ein
Tablett mit Kaffee und Tee vor die
Tür unseres Wohnzelts gestellt. Jetzt
steigt der Dampf aus der Thermos-
kanne wie ein Rauchsignal: Bitte auf-
stehen! Doch ich lasse mich erst mal
zurück in die Daunendecke sinken und
genieße den Ausblick.

Ein Blick zurück
Ich liege in einem der Chalets des
Wolwedans Dune Camp im privaten
Namib-Rand-Reservat. Bereits im Jahr
1984 kaufte der Windhoeker Geschäftsmann Albrecht Brückner erste Farmen
auf, 1998 erreichte der Schutzpark
durch den Zukauf weiterer Grundstücke seine heutige Größe. Doch Brückner kaufte die Farmen nicht zum

Mitten in der Unermesslichkeit der Namib hat sich ein cleverer Geschäftsmann aus Windhoek einen Traum verwirklicht:
das Wolwedans Dune Camp im Namib-Rand-Reservat.

Selbstzweck, sondern auch aus ökolo-
gischem Interesse. Der Clou dabei: Er
wollte den Schutz der Natur ausschließlich mit den Einnahmen aus
dem Tourismus finanzieren.

Ein solches Modell gab es damals
in Namibia noch nicht. Brückner ließ
Tausende Kilometer Weidezäune niederreißen, siedelte einheimisches Wild
an und gab dem Land Zeit, sich von
der Überweidung durch Schafe zu er-
holen. Schon diese Arbeit finanzierte
er durch die Errichtung exklusiver
Unterkünfte. Heute hat sich die auf
mittlerweile fünf Mitglieder ange-

wachsene Wolwedans Collection eine
strenge Satzung auferlegt: höchstens
ein Gästebett pro 1000 Hektar Reser-
vatsfläche und maximal 20 Betten pro
Beherbergungseinheit. Damit die Dünen ungehindert wandern können,
wurden sämtliche Unterkünfte auf
Holzplattformen errichtet. Doch das
ist längst nicht alles: Ein Großteil des
Energiebedarfs auf Wolwedans wird
mit Solar- und Photovoltaik-Anlagen
generiert. Die Abwasser der Camps
werden so gefiltert und aufbereitet,
dass sie zur Bewässerung der eigenen
Gemüse- und Kräuterbeete der Lodge

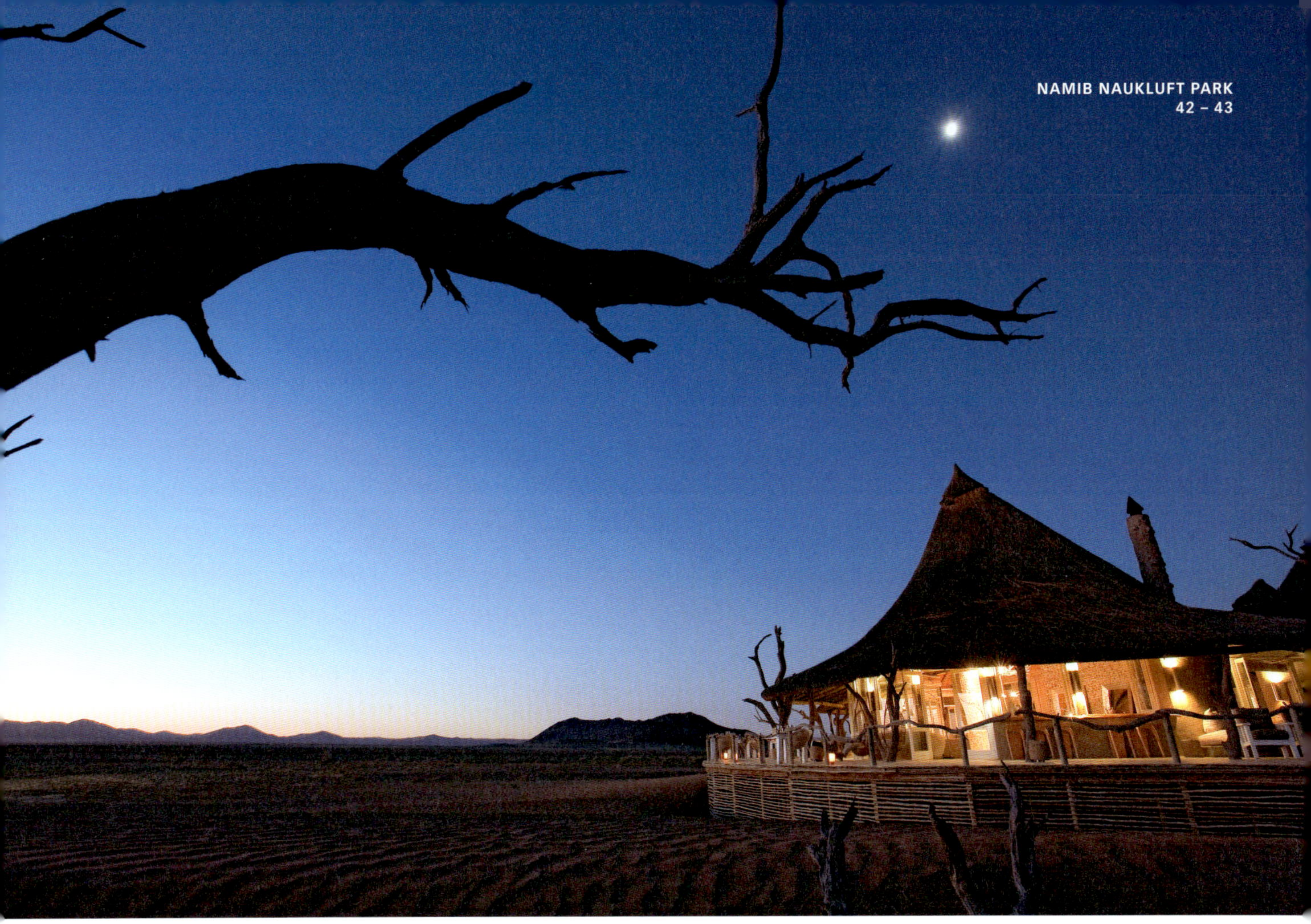

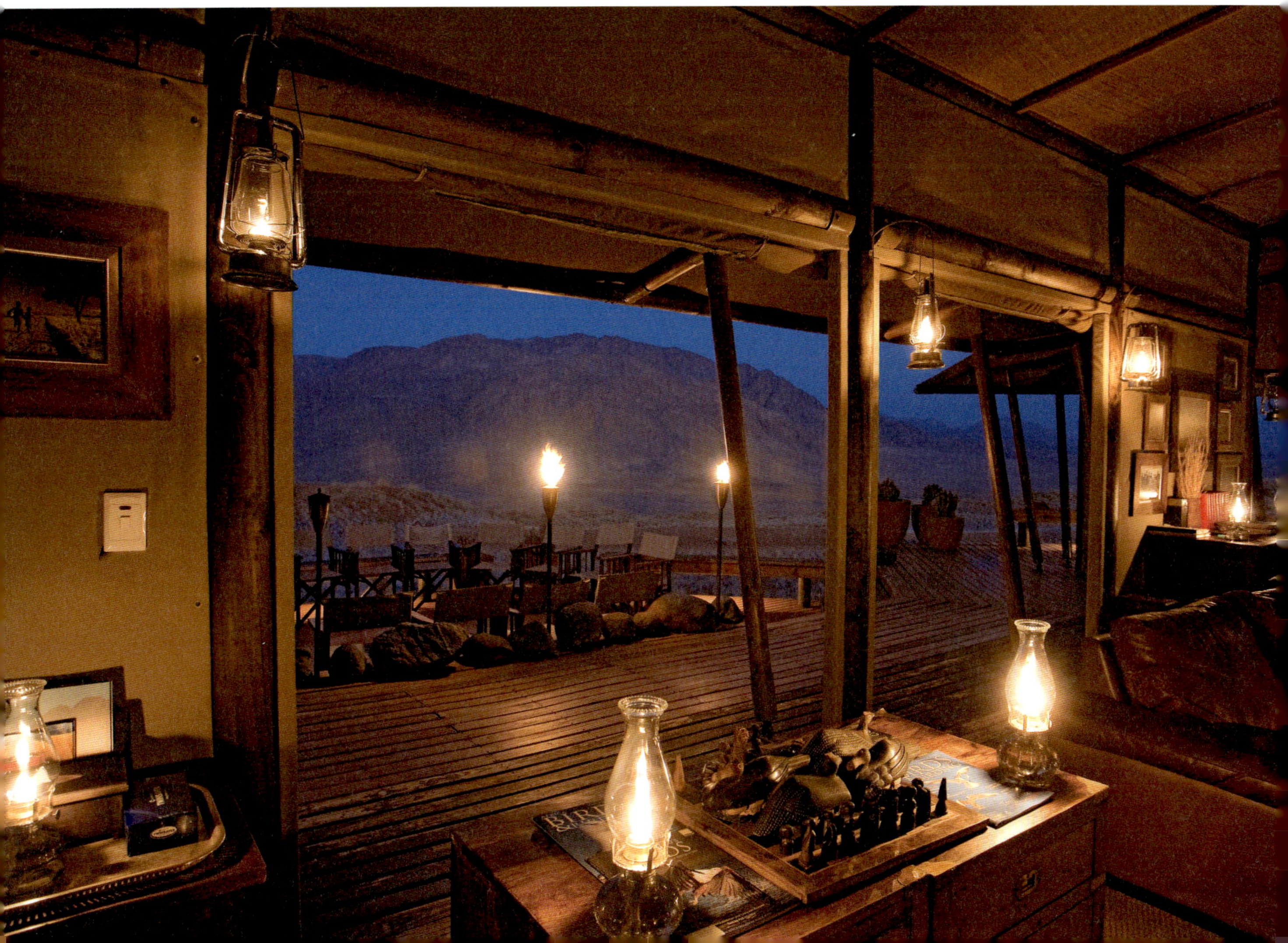

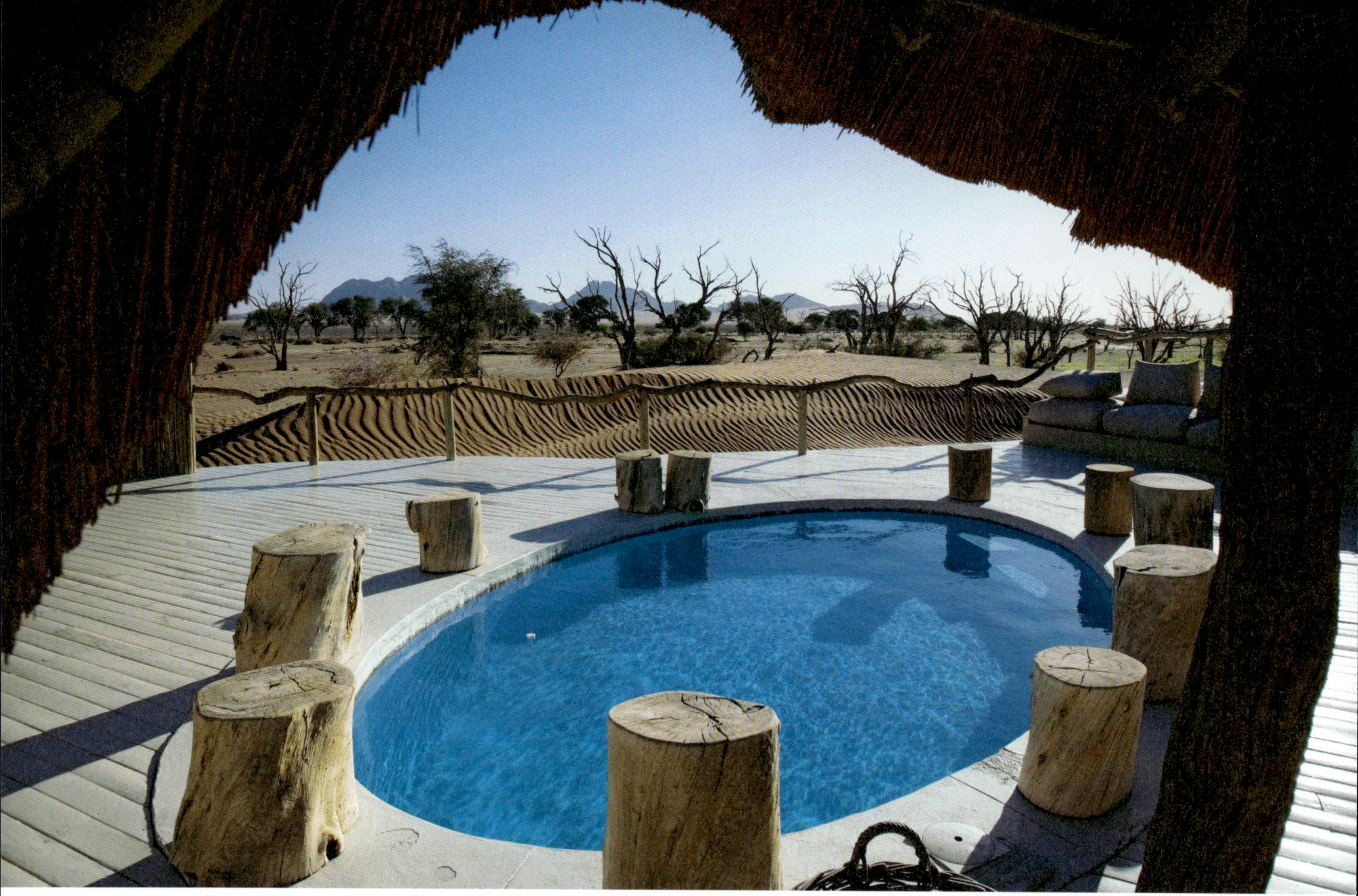

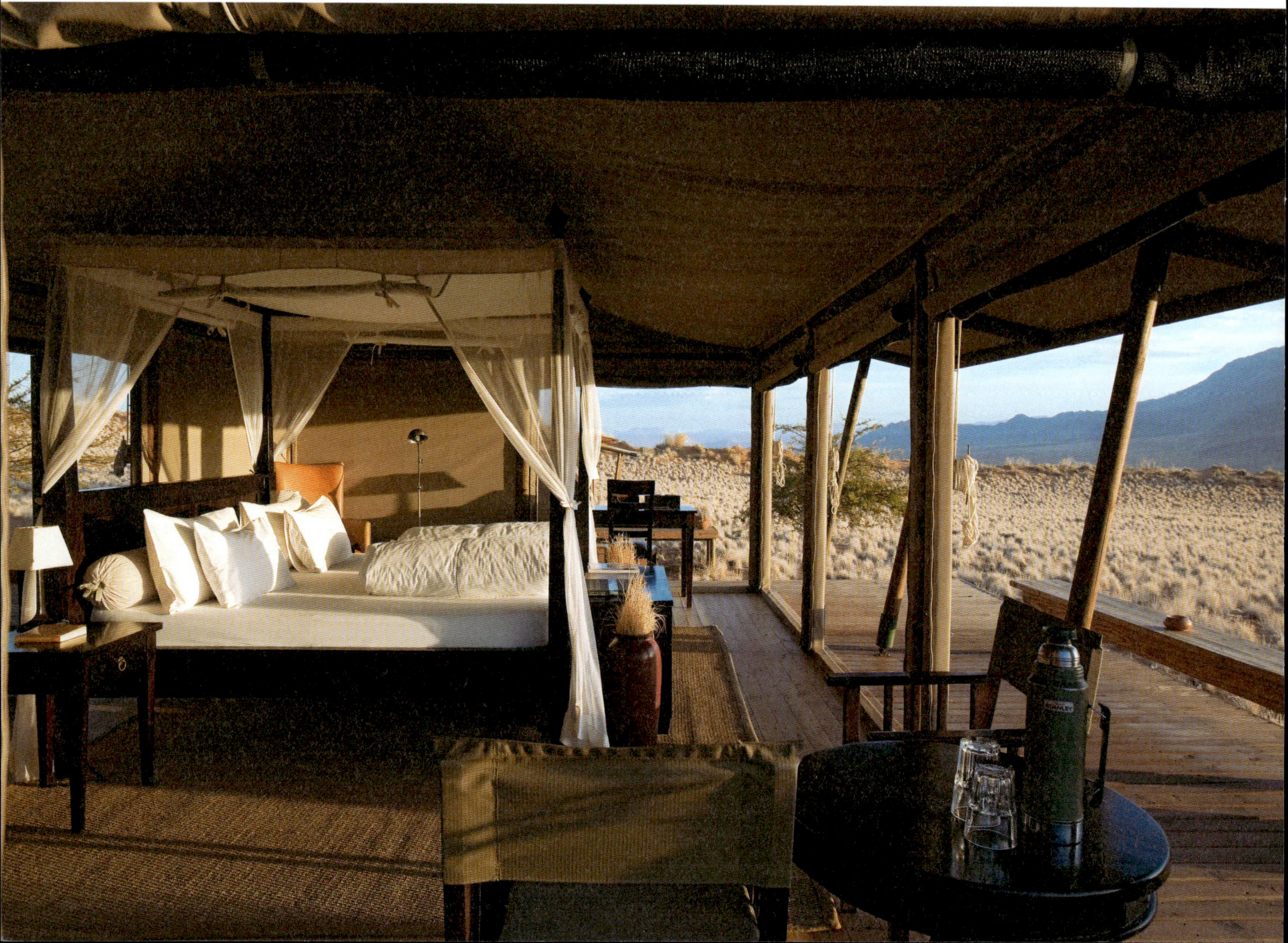

Stephan Brückner in seinem – ökologische Maßstäbe setzenden – Reich: „Alle unsere Camps können sofort abgebaut werden, sodass man nachher nichts mehr von ihnen sieht."

verwendet werden können. Nur zwei Fahrspuren führen zur Rezeption, dort endet auch der Fahrbetrieb für Privatwagen. Die Gäste bewegen sich ausschließlich mit den Fahrern der Lodge. Die Parkgebühr von derzeit etwa 15 Euro pro Person und Tag geht zu 100 Prozent in den Naturschutz.

Umweltschutz als Staatsziel

Wolwedans, heute von Stephan Brückner, dem Sohn des Firmengründers, geleitet, steht wie kaum ein anderes Projekt für das wachsende ökologische Bewusstsein in Namibia. Auch andere große Firmen wie Wilderness Safaris und die Gondwana Collection haben das Thema Nachhaltigkeit fest in ihren Satzungen verankert. Selbst die staatliche Parkgesellschaft setzt zunehmend auf nachhaltigen Tourismus. Doch der Schutz der Natur ist nur die eine Seite der Medaille, auch die Einbindung der lokalen Bevölke-

rung ist wichtig. Das gilt für fast alle Projekte der Regierung. Ein gutes Beispiel ist die Grootberg Lodge. Die rund 90 Kilometer westlich von Kamanjab gelegene Luxusherberge gehört den in der Region ansässigen Damara. Das Projekt geht auf eine Initiative des Ministeriums für Umwelt und Tourismus (MET) zurück und ist das erste dieser Größenordnung in Namibia, das vollständig von der lokalen Bevölkerung geführt wird. Ziel ist es, den Einheimischen Einkommen aus dem Tourismus zu verschaffen.

„Das Problem in Namibia ist, dass wir aufgrund unserer Geschichte wenige Fachkräfte haben", sagt Stephan Brückner. „Die Berufsausbildung, die es in Deutschland schon seit 60 Jahren gibt, existiert wegen der langjährigen Rassentrennung bei uns erst seit wenigen Jahren." In seinem Restaurant NICE (Namibia Institute for Culinary Education) in Windhoek bildet Brückner Einheimische zu Köchen, Kellnern und Barmännern aus. Sie sollen später in dem schicken Restaurant in Windhoek oder auf einer der Lodges der Wolwedans Collection arbeiten. Diese Initiative wurde mehrere Jahre lang von der Deutschen Investitions- und Entwicklungsgesellschaft (DEG) mitfinanziert.

„In unseren Unternehmen arbeiten etwa zwei Prozent Weiße, der Rest sind Farbige", erläutert Brückner. „Schon jetzt repräsentieren wir den Mix der namibischen Gesellschaft. Eine gute Ausbildung ist die Zukunft." Dieses weit vorausschauende Motto machen sich längst auch andere Tourismus-Unternehmen im Land zum Programm.

Auf einen Blick

. . . .

Die vier Camps der Wolwedans Collection liegen im privaten Namib-Rand-Reservat, etwa eineinhalb Autostunden von Sesriem entfernt.

Buchung: Namib Rand Safaris, Tel. 061 23 06 16, www.wolwedans.com.

Weitere Internetadressen:
Namibia Wildlife Resorts (NWR), www.nwr.com.na,
Grootberg-Lodge: www.grootberg.com,
Gondwana Collection: www.gondwana-collection.com,
Wilderness Safaris: www.wilderness-safaris.com.

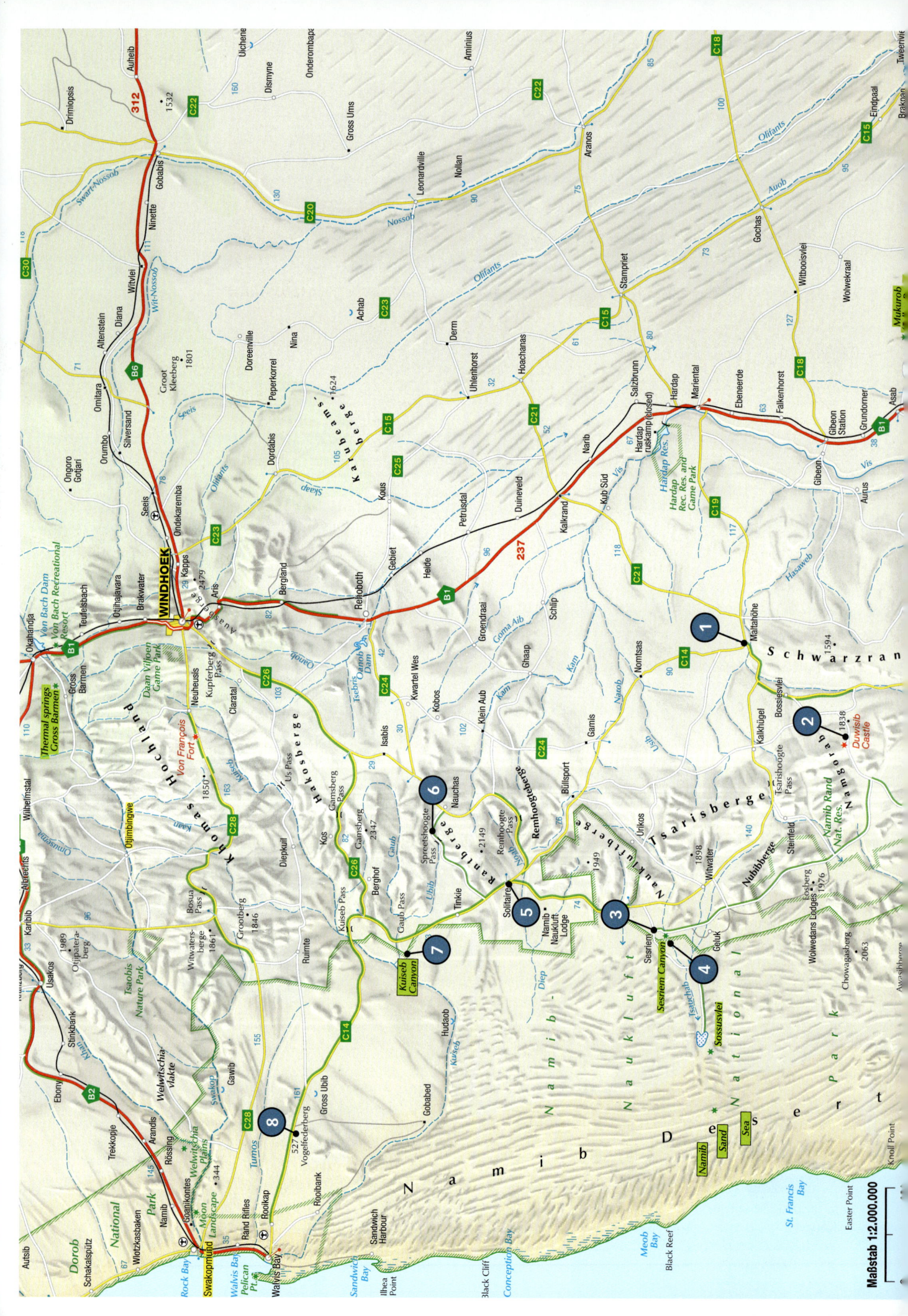

Sandphonie im Westen

Wo Wüstenträume wahr werden: Namibias größter Nationalpark gehört zu den Highlights des Landes, vielleicht sogar des gesamten südlichen Afrika. Die Natur hat hier eine bizarre Schönheit geschaffen, die weltweit ihresgleichen sucht.

❶ Maltahöhe

Der kleine, am Rand des rund 1400 Meter hohen Schwarzrandplateaus gelegene Ort ist das Zentrum der namibischen Karakul-Zucht und somit ein wichtiger Treffpunkt für die Farmer der Region. Gegründet wurde er um 1895 von Henning von Burgsdorff, dem Bezirksamtmann von Gibeon, nach dessen Frau Malta der Ort auch benannt ist.

SEHENSWERT

Einzige Sehenswürdigkeit ist die evangelisch-lutherische **Kirche**; an die Kolonialgeschichte erinnern zwei Friedhöfe.

UNTERKÜNFTE

€ **Maltahöhe Hotel** Eines der ältesten Hotels Namibias wurde im Jahr 1907 eröffnet. Die 24 En-Suite-Doppelzimmer und drei Familienzimmer bieten einfachen Komfort, dazu gibt es 18 Betten für Rucksackreisende (Tel. 063 29 30 13, www.maltahoehe-hotel.com).

€ **Hauchab Fontein Campsite** Rund 50 Kilometer von Sesriem gelegen, bietet der Campingplatz eine schöne und günstige Alternative zu den tollen Lodges im und am Park. Die Campsites liegen herrlich im Schatten von Akazien. Bei heißem Wetter kühlen sich die Gäste in den nur 200 Meter entfernten Natursteinbädern ab. Extra: Frische Farmprodukte wie selbstgebackenes Brot und Fleisch zum Grillen gibt es auf Anfrage beim Besitzer Immo Foerster, der einen auch mitnimmt zu seinem privaten Köcherbaumwald mit sage und schreibe 2000 Bäumen (Farm Hauchab Fontein, Tel. 063 29 34 33, www.hauchabfontein.com).

❷ Schloss Duwisib

Südwestlich von Maltahöhe liegt die „Wüstenfestung" **Duwisib**.

SEHENSWERT

Das an eine deutsche Ritterburg erinnernde Gebäude ist eines der skurrilsten Zeugnisse weißer Siedlungstätigkeit in Namibia. Errichtet wurde es 1908 im Auftrag des Schutztruppen-Offiziers Hansheinrich von Wolf von dem Architekten Wilhelm Sander, der auch für die Pläne der Schwerins-, der Heinitz- und der Sanderburg in Windhoek verantwortlich ist. Die meisten Baumaterialien wurden von Deutschland aus eingeschifft. Ein Campingplatz ist nahebei.

Tipp

Luxus pur

In einer der schönsten Landschaften des Landes, am Rand der Dünen von Sossusvlei gelegen, bietet die **Sossus Dune Lodge** genau das, was der Besucher aus unseren Breitengraden hier sucht: Ruhe, Weite, Einsamkeit. Die 25 großzügig gestalteten, ausschließlich aus Holz und Stroh gebauten Chalets auf Stelzen fügen sich nahtlos in die Namib ein. Der einzige Zement, der für den Bau der Lodge verwendet wurde, ist der des Swimmingpools – und selbst der ist so geschickt an den Rand der Felsen gebaut, dass er kaum zu sehen ist. Auch ansonsten genießt der Gast völlige Ruhe: Sein Auto muss er in gebührendem Abstand parken. Zu den Bungalows gelangt man im Elektroauto – außer dem Knirschen der Reifen auf dem Sand ist davon nichts zu hören. Doch die Sossus Dune Lodge ist nicht nur einzigartig aufgrund ihrer Lage – sie ist auch die erste und einzige Lodge, die unmittelbar im Namib Naukluft Park liegt. Das ist ein großer Vorteil: Auf diese Weise kann man schon morgens vor allen anderen im Park aufbrechen und ist vor den meisten anderen Touristen bei den Dünen.

SOSSUS DUNE LODGE
Übernachtung im DZ mit Frühstück, Abendessen und Parkeintritt ab 89 € pro Person. Namibia Wildlife Resorts, Tel. 061 2 85 72 00, www.nwr.com.na

Campsite bei Sesriem: Und jetzt ein kühles Bier!

❸ Sesriem/Sossusvlei

Die mehr als 300 Meter hohen Dünen der Namib sind nur über das Parktor in Sesriem zu erreichen. Der Name „Sesriem" rührt von den sechs Ochsenriemen her, die hier früher nötig waren, um an das Wasser im unweit gelegenen Sesriem Canyon zu kommen. Sesriem selbst besteht im Wesentlichen aus zwei Tankstellen, den umliegenden Lodges und den Hütten der Bediensteten. Sonst verfügt der Ort selbst über keinerlei Attraktionen. Es gibt auch einen kleinen Supermarkt, in dem die wichtigsten Dinge zur Selbstverpflegung verkauft werden.

SEHENSWERT

2017 feiert der **Namib Naukluft Park** TOP-ZIEL sein 110-jähriges Bestehen. Zu den Höhepunkten des Parks gehören die Dünen rund um das **Sossusvlei** und das benachbarte **Deadvlei**. Die Dünen rund um Sossusvlei („vlei" bedeutet so viel wie Lehmpfanne) sind bis zu 300 Meter hoch. Damit gehören sie zu den höchsten der Erde. Unbedingt einen Besuch abstatten sollte man aber auch dem etwa 30 Minuten Fußmarsch durch die Dünen entfernten Deadvlei. Hier bilden 500 bis 600 Jahre alte Skelette von Kameldornbäumen vor den rostroten Dünen eine spektakuläre Kulisse. Der Weg ist ausgeschildert. Für die Fahrt in den Park durch das Tor bei Sesriem benötigt man einen Erlaubnisschein (permit). Dieser ist bei der staatlichen Parkgesellschaft Namibia Wildlife Resorts (NWR) in Windhoek erhältlich, aber auch im Büro der Parkbehörde in Sesriem selbst. Eine Vorausbuchung ist zu jeder Jahreszeit empfehlenswert. Das Tor zum Park bleibt von Sonnen-

aufgang bis Sonnenuntergang geöffnet. Von dort sind es bis zum 4 x 4-Parkplatz, dem Ausgangspunkt zu Touren ins Sossusvlei und Deadvlei, etwa 60 Kilometer.

Wer einen Geländewagen mit Allradantrieb hat, der kann die fünf Kilometer lange Sandpiste vom 4 x 4-Parkplatz ins Sossusvlei auch selbst fahren. Für alle anderen Besucher gibt

Oben links: Schöner Wohnen in der Little Kulala Lodge. Oben rechts: Riesige Euphorbie an der C14 bei Solitaire. Rechts: Letzte Stärkung vor dem nächsten Wüstenritt – in der Sossusvlei Lodge.

Tipp

Wanderparadies

Die bis zu 2000 Meter hohen **Naukluft-Berge** am Ostrand der Namib sind ein großartiges Wanderrevier. Der 120 Kilometer lange **Namib-Naukluft-Trail**, den man in Abschnitten von zwei oder vier Tagen, in voller Länge ab acht Tagen erwandern kann, gilt als einer der schönsten Wanderwege Namibias. Man sollte jedoch konditionell absolut fit sein, wenn man den Trail bewältigen will, denn dieser führt entlang steiniger Zebrapfade sowie steile Hänge hinauf (teils mit Seilen gesichert) und über trockene Hochebenen. Doch die großartigen Ausblicke unterwegs lohnen jede Mühe: Zu den Höhepunkten zählen die verwunschene Ubisis-Schlucht, die Kudu-Ebene, die Zebra-Klamm und ein riesiger Köcherbaumwald. Permits werden vom Namibia Wildlife Resort (NWR) nur zwischen März und Oktober vergeben. Die Gruppe muss mindestens drei und darf maximal zwölf Personen groß sein. Übernachtet wird im Zelt oder unter freiem Himmel, Versorgungsmöglichkeiten gibt es keine. Ein 73 Kilometer langer 4 x 4-Track bietet auch Offroad-Enthusiasten die Gelegenheit, die Naukluft-Berge (auto)mobil zu erkunden.

INFORMATION

Namibia Wildlife Resorts (NWR), Central Reservations Office, Private Bag 13378, Windhoek, Namibia, Tel. 061 2 85 72 00, www.nwr.com.na. Hier kann man die Parkeintritte reservieren und auch Reservierungen für alle staatlichen Camps am und im Park vornehmen.

es ab dem Parkplatz einen etwa alle 15 Minuten abfahrenden Shuttleservice.

UNTERKÜNFTE

€ Sesriem Campsite Eine der schönsten und preiswertesten Unterkunftsmöglichkeiten für Selbstfahrer mit insgesamt 24 Stellplätzen, direkt am Eingang zum Park in Sesriem gelegen. Die Übernachtung kostet umgerechnet etwa 11 Euro pro Campsite. Buchung: Namibia Wildlife Resorts, Tel. 061 2 85 72 00, www.nwr.com.na.

€€ Sossusvlei Lodge Sehr zentral am Eingang zum Park in Sesriem gelegen. 45 renovierte und saubere Chalets. Manchmal ist hier sehr viel Trubel. Buchung: Sossusvlei Lodge, Tel. 0027 2 19 30 45 64 (zentrale Reservierungsnummer in Südafrika, www.sossusvleilodge.com.

€€€ Little Kulala Das 270 km² große Kulala Wilderness Reserve bietet großartige Wüstenlandschaften am Rand des Namib Naukluft Park. Von hier ist es weniger als eine Stunde zum Eingangstor des Parks in Sesriem, die Fahrer der Lodge fahren bei den Ausflügen über ein eigenes Tor in den Park nach Sossusvlei. Die Lodge bietet elf klimatisierte Chalets mit individueller Ausstattung und privatem Pool. Little Kulala, c/o Wilderness Safaris, Tel. 0027 1 18 07 18 00, www.wilderness-safaris.com.

AKTIVITÄTEN

Namib-Wanderungen Das zur Wolwedans Collection gehörige Unternehmen Tok Tokkie Trails bietet sehr interessante dreitägige Wüstenwanderungen durch die Namib im Namib-Rand-Reservat an und führt die Teilnehmer in die Geheimnisse der Wüste ein – inklusive zweier Übernachtungen unter dem Sternenzelt

(Tok Tokkie Trails, Tel. 061 26 45 21, www. tokkietrails.com).

Rundflüge über die Namib Zweieinhalbstündige Rundflüge über den Namib Naukluft Park mit Sossusvlei und Kuiseb-Canyon (630 Kilometer) bietet zum Beispiel Pleasure Flight Safaris in Swakopmund an. Die Preise sind abhängig von der Personenzahl (Pleasure Flights and Safaris, Tel. 064 40 45 00, www.pleasureflights.com.na).

❹ Sesriem Canyon

Nur vier Kilometer von der Ortschaft Sesriem entfernt, ist der einen Kilometer lange, bis zu 30 Meter tiefe und an manchen Stellen nur zwei Meter breite Sesriem Canyon ein schönes Wanderrevier sowie ein idealer Picknickplatz.

❺ Solitaire

Die kleine Farmsiedlung Solitaire liegt ideal auf dem Weg von Windhoek zu den Dünen. Nach Sesriem sind es etwa 80 Kilometer. Viel mehr als eine Tankstelle und ein paar Farmhäuser ist nicht zu sehen – seine Bedeutung erlangte der Ort als Station auf dem Weg in den Namib Naukluft Park. Mittlerweile gibt es hier auch eine sehr schöne Lodge mit Campsite.

UNTERKÜNFTE

€€ Solitaire Country Lodge Die Lodge verfügt über 25 ruhige, auf den Innenhof samt Pool hinausgehende Zimmer. Zusätzlich gibt es einige Hütten für Selbstversorger und einen Campingplatz. Im Laden wird frisch gebacke-

Wer einen Geländewagen mit Allradantrieb hat, kann auch selbst ins Sossusvlei fahren.

nes Brot verkauft. Zudem kann man hier seine Autoreifen flicken lassen (Tel. 063 29 36 21, www. solitairecountrylodge.com).

€€ **Namib Desert Lodge** Zirka 60 Kilometer nördlich von Sesriem in Sichtweite zur C19 am Fuß der versteinerten Dünen der Ur-Namib gelegen. 65 saubere Zimmer mit Bad und Klimaanlage, zwei Pools, Restaurant, Bar, beleuchtete Wasserstelle (Gondwana Collection, Tel. 061 42 72 00, www.gondwana-collection.com).

€€ **Rostock Ritz Desert Lodge** Auf dem Weg von Sesriem nach Walvis Bay gelegen, bietet die Lodge Wüstenerlebnis pur. Die Gäste wohnen in elf im afrikanischen Stil errichteten Rundbauten mit Dusche und WC. Jedes Gebäude verschmilzt mit der Umgebung und bietet einen weiten Ausblick über die Namib (Tel. 081 258 57 22, www.rostock-ritz-desert-lodge.com).

⑥ Spreetshoogte Pass

Zentralnamibia liegt auf einem Hochplateau. Auf dem Weg in die Wüste muss man deshalb immer die bis zu 1500 Meter hohe Randstufe herunterfahren. Eine der schönsten Möglichkeiten, um dies zu tun, ist der Spreetshoogte Pass bei Nauchas südwestlich von Windhoek. Die Aussicht über die Namib ist atemberaubend. Allerdings ist dies zugleich der steilste Pass weit und breit (Gefälle von bis zu 22 Prozent), deswegen sollte die Schotterpiste nur mit höchster Vorsicht befahren werden.

⑦ Kuiseb Canyon

Einer breiten Öffentlichkeit bekannt geworden ist der Kuiseb-Canyon durch die beiden deutschen Geologen Henno Martin und Hermann Korn, die sich im Zweiten Weltkrieg zwei Jahre lang in diesem Canyon versteckten. Was sie dabei erlebten, schrieben sie in ihrem Buch „Wenn es Krieg gibt, gehen wir in die Wüste". Von Solitaire führt die Hauptstraße C14 über den Kuiseb Pass nach Walvis Bay. Auch wenn dieser Abschnitt des 560 Kilometer langen Kuiseb-Flusses teils im Namib Naukluft Park liegt, ist die Passage von Solitaire nach Walvis Bay eine der wenigen Strecken im Park, für die man kein Permit benötigt. Die etwa 20 Kilometer lange Fahrt durch den eigentlichen, bis zu 200 Meter tiefen Canyon ist spektakulär.

⑧ Vogelfederberg

„Namibias Ayers Rock in klein", wie der Vogelfederberg gern beschrieben wird, liegt auf etwa zwei Drittel der Wegstrecke zwischen Solitaire und Walvis Bay an der C14. Wie aus dem Nichts erhebt sich die etwa 100 Meter hohe Granitkuppe aus der Landschaft. Für Besucher hat das Namibia Wildlife Resort (NWR) hier sehr schöne Picknickplätze eingerichtet. Wer Ausrüstung und Verpflegung selbst mitbringt, der kann hier auch übernachten und die absolute Stille in diesem Nichts aus Stein und Sand genießen (Permit vom NWR erforderlich).

Genießen   Erleben   Erfahren

Im siebten Himmel

Den Filzhut tief ins Gesicht gezogen, zieht Paul Vecray am Abzug der Propangasflasche. Mehrere Meter hoch lodern die Flammen. Es wird heiß im Korb. Noch einmal drückt Vecray ab, ein letztes Aufflackern der Flammen, dann steht der Ballon für einen Moment in voller Pracht da. Nur Sekunden später hebt er ab und schwebt in gravitätischer Ruhe über die Dünenkämme. Paul Vecray ist so etwas wie der Crocodile Dundee der Namib, und die Ballon-Flüge, die er mit seinem Unternehmen Namib Sky Balloon Safaris anbietet, zählen zu den schönsten Erlebnissen in Namibia. Seit zehn Jahren fliegt Vecray nun schon Touristen in die Wüste – für ihn ist das sein Beruf und sein Hobby zugleich.

Lautlos gleitet der Ballon über die Dünen. Unten werfen die Sandberge im Morgenlicht lange Schatten, die Dünenkämme sind in zartes Rosa gehüllt. Ein paar Springböcke huschen eilig vorbei, eine Straußenfamilie sucht Schutz im Schatten eines Baumes. Eine gefühlte Ewigkeit gleiten wir so wie in Trance über das Meer aus Sand. Nach einer Stunde spüren wir wieder festen Boden unter den Füßen, dann haben Vecrays Helfer, die dem Ballon mit dem Jeep gefolgt sind, schon ein exklusives Frühstück mit allerlei Köstlichkeiten in die Wüste gezaubert. In Windeseile stehen die Frühstückstische mitten im Sand, darauf: Schinken, Käse, Ei, Ananas, Mangos – und natürlich auch köstlich prickelnder Champagner.

Weitere Informationen

Die einstündige Ballon-Safari kostet umgerechnet etwa 295 €, Abholung vom Hotel, Flug und Champagner-Frühstück inklusive. Die Flüge finden fast das ganze Jahr über statt, außer zwischen Mitte Januar und Mitte Februar. Vorherige Anmeldung ist empfehlenswert. Buchung: Namib Sky Balloon Safaris, Tel. 063 68 31 88, www.balloon-safaris.com.

Eine Fahrt mit dem Heißluftballon über das glühende Sandmeer der Namib und zu den mächtigen Dünen rund um das Sossusvlei eröffnet großartige Ausblicke auf die älteste Wüste der Welt.

Tierische Aussichten

Der Etosha-Nationalpark ist einer der größten und artenreichsten des Kontinents – und Schauplatz eines einzigartigen Naturschauspiels. Bühne ist die bis zu 120 Kilometer lange und 60 Kilometer breite Etosha-Pfanne, die die Ovambo „großer weißer Platz" nennen. Die Stars in der Manege: Springböcke, Strauße, Zebras, Giraffen, Nashörner, Schakale, Hyänen, Leoparden und der Löwe als König der Tiere.

Mit rund 320 Tieren lebt im Etosha-Nationalpark die größte Löwenpopulation Namibias.

Die Geier warten schon – auch wenn auf dem Bild oben links ein Schildrabe zu sehen ist. Wo sich Geparden tummeln (oben rechts), bekommen die Geier möglicherweise bald etwas zu fressen. Und damit auch die Besucher des Etosha-Nationalparks auf ihren vierradangetriebenen Beobachtungsstationen etwas vor die Linse bekommen, verharren sie am besten in geduldiger Stille.

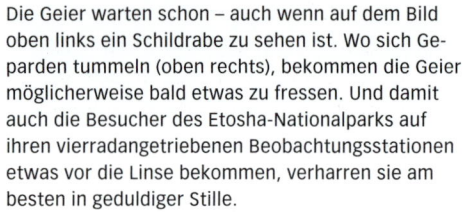

Alles begann mit einem vergilbten Foto. Der Onkel meiner Mutter hatte es uns geschickt, als er mal wieder in Südwest war. Das muss irgendwann in den 1970er-Jahren gewesen sein. Als Architekt arbeitete er damals an der Restaurierung des Forts Namutoni mit, im Südosten des Etosha-Nationalparks. Das Bild zeigte einige Springböcke und ein paar Giraffen an einem Wasserloch. Zusammen mit einigen anderen Fotos aus jener Zeit lag es bei uns zu Hause viele Jahre in der Bilderkiste. Es faszinierte mich, so lange ich denken kann. Und jetzt, knapp 40 Jahre später, stehe ich selbst am Wasserloch von Goas und sehe eben dieses Bildmotiv vor mir – in echt. Vor uns grasen ein paar Springböcke, am Wasser trinken Zebras und Giraffen. Dahinter erstreckt sich in voller Weite das ausgedehnte Buschland Nordnamibias.

Ein weites Nichts

Seit jeher verzaubert der Etosha-Nationalpark seine Besucher. Weil er längst nicht so üppig bewachsen ist wie seine prominenten Brüder Serengeti in Tansania und der Krüger-Nationalpark in Südafrika, nennen ihn die Ovambo, die zahlenmäßig größte Bevölkerungsgruppe Namibias, nur „großer weißer Platz". Aber genau das macht auch seinen Charme aus: die spröde Schönheit am Rand der überdimensionalen Lehmpfanne mit ihrem immensen Tierreichtum.

Der berühmteste Nationalpark Namibias ist nicht nur eines der größten Wildschutzgebiete Afrikas, sondern auch eines der artenreichsten. Auf einer Fläche von rund 22 270 Quadratkilometern entfaltet sich ein geradezu paradiesisch anmutendes Wildleben: Elefantenherden von 30 Tieren und mehr versammeln sich in den frühen Morgen- wie in den frühen Abendstunden an den Wasserlöchern und eröffnen dem Besucher imposante Einblicke in das Leben im afrikanischen Busch. Insgesamt 114 Säugetier- und 350 Vogelarten sind in diesem Nationalpark heimisch, dessen Ursprünge als Schutzgebiet mehr

„Die Natur ist unerbittlich und unveränderlich, und es ist ihr gleichgültig, ob die verborgenen Gründe und Arten ihres Handelns dem Menschen verständlich sind oder nicht." (Galileo Galilei)

Reges Tierleben an einem Wasserloch in der Nähe des – heute als Besucherzentrum fungierenden – Forts Namutoni im Südosten des Etosha-Nationalparks

Freiwillige vor!

Hilfe für Raubkatzen

Das schnellste Landsäugetier: Bis zu 120 km/h erreicht der Gepard auf kurzen Strecken.

In Namibia leben rund 4500 Geparden, das ist ein Drittel ihrer Weltpopulation. Doch die Tiere sind in Gefahr. Auf der Gästefarm Okonjima bei Otjiwarongo kann man die Raubkatzen aus nächster Nähe beobachten – und gleichzeitig dabei helfen, sie zu schützen.

Einst bevölkerte das schnellste Landraubtier der Erde weite Teile Afrikas und Asiens. Heute gilt der Gepard als stark bedroht. Im Iran und in Pakistan, wo die Tiere noch vor 150 Jahren in großer Zahl heimisch waren, leben jetzt nur noch wenige Dutzend Exemplare; im Norden Afrikas sind sie nicht mehr als eine Legende. Auch südlich der Sahara hat sie der Mensch weitgehend verdrängt. Immerhin beherbergt Namibia noch etwa 4500 Tiere. Doch auch hier sind die schnellen Raubkatzen in Gefahr. Seit immer mehr Farmer zu Beginn des 20. Jahrhunderts Weidezäune zogen, gerät der Gepard zunehmend ins Hintertreffen. Etwa 80 Prozent der namibischen Geparden leben auf Farmland, und so ist der Konflikt mit dem Menschen programmiert. Bei vielen Farmern Namibias sind die Katzen vor allem deshalb verhasst, weil sie Schafe, Ziegen und Kälber reißen.

Immer mehr Naturschutzorganisationen haben sich deshalb zum Ziel gesetzt, die seltenen Tiere zu schützen. Im 220 km² großen Okonjima Nature Reserve auf halbem Weg zwischen Windhoek und Etosha bieten sich nicht nur großartige Möglichkeiten, die Raubkatzen aus nächster Nähe zu beobachten – mit jedem ausgegebenen Euro helfen die Gäste auch, sie zu schützen. Seit 1993 kooperiert die Gästefarm mit der gemeinnützigen Tierschutzorganisation Africat, die auf dem Farmgelände ihren Sitz hat. Africat holt Problemtiere von anderen Farmen ab, untersucht sie und lässt sie auf Okonjima oder an anderen sicheren Orten frei. Dazu zählen neben Geparden auch Leoparden, Hyänen und Wildhunde. So hat die Organisation seit den frühen 1990er-Jahren bereits mehr als 1000 Raubkatzen das Leben gerettet, 85 Prozent davon konnten später wieder in die Freiheit entlassen werden. *Infos: www.africat. org, www.okonjima.com*

als 100 Jahre zurückreichen: Am 22. März 1907 deklarierte der damalige Gouverneur von Deutsch-Südwest, Friedrich von Lindequist, 99 000 Quadratkilometer im Norden Namibias zum geschützten „Game Reserve 2". Zuvor war der ehemals reiche Wildbestand durch jahrzehntelange Wilderei und Großwildjagd an den Rand der Ausrottung gebracht worden und die Fleischversorgung der Bevölkerung ernsthaft in Gefahr. Elefanten gab es hier im Norden Namibias schon um das Jahr 1880 herum nicht mehr, auch die früher viele Zehntausende Tiere zählenden Antilopenherden waren damals weitgehend ausgerottet. Doch die Schutzmaßnahmen führten schon nach wenigen Jahren zum Erfolg: Die Wildbestände stiegen rasch wieder an. Allerdings stieg auch der Landbedarf der in der Umgebung des Parks lebenden Bevölkerung. Deshalb wurde das Schutzgebiet später noch mehrere Male verkleinert, bis der Park schließlich seine heutige Größe erreichte.

Ost und West

Jahrzehntelang war der Etosha-Nationalpark zweigeteilt in einen für Besucher zugänglichen Ostteil, der etwa zwei Drittel des Parks einnahm, und einen nur von Reiseveranstaltern befahrbaren Westteil. Erst im Jahr 2008 wurde der landschaftlich abwechslungsreichere Westteil für Besucher geöffnet. Sechs Jahre später, 2014, hat man auch das Galton Gate (ehemals Otjovasandu-Tor) im Westen passierbar gemacht.

Heute liegen drei große Rastlager im Nationalpark verteilt: Okaukuejo im Westen, Halali im Herzen des Parks und das alte deutsche Fort Namutoni im Osten. Hinzu kommen die beiden exklusiven Camps Onkoshi am Nordrand der Etosha-Pfanne und Dolomite im Westteil. Verwaltet werden diese beiden Camps von der staatlichen Parkbehörde. Zudem wurde im Oktober 2014 im äußersten Osten des Parks das Olifantsrus Camp mit zehn Zeltplätzen eröffnet: Im eingezäunten Areal gibt es auch ein nachts beleuchtetes Wasserloch.

Leichtmatrosen mit Einbaum im Caprivi-Zipfel: Wie ein Netz umspannen zahlreiche Flussarme – hier ein Nebenarm des Kwando River – diese zwischen 32 und 90 Kilometer breite Region im Nordosten des Landes.

„Caprivianer" nennt man die – hier in einem ihrer typischen, kreisförmig angelegten Dörfer bei Lizauli – lebenden Einheimischen. Zur Bantu-Sprachfamilie gehörend, werden sie nach alter Tradition von Stammeshäuptlingen regiert.

Medizinmann im Dorf Lizauli im
Caprivi-Zipfel, in dem auch …

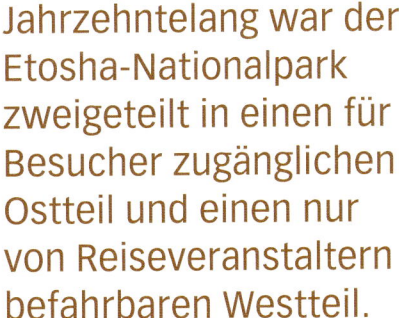

… traditionelle Tänze und Gesänge der Caprivianer vorgeführt werden, die noch immer
vom Fischfang, vom Ackerbau und von der Jagd leben.

Jahrzehntelang war der
Etosha-Nationalpark
zweigeteilt in einen für
Besucher zugänglichen
Ostteil und einen nur
von Reiseveranstaltern
befahrbaren Westteil.

Mit etwas Glück sieht man hier auch Geparden und Leoparden

Landschaftlich ist der Park vor allem von der Etosha-Pfanne geprägt. Sie entstand vor zwei bis fünf Millionen Jahren durch eine Absenkung des Bodens. Damals bildete sich ein See, der vermutlich vom Kunene-Fluss an der heutigen Grenze zu Angola gespeist wurde. Heute bezieht die Pfanne ihr Wasser in der Regenzeit zwischen Dezember und März aus mehreren Zuflüssen im Norden. In guten Regenjahren steht das Wasser bis zu zehn Zentimeter hoch in der Pfanne. Riesige Flächen verwandeln sich dann in eine schlickige Brühe, in der Tausende und Abertausende Flamingos nach Krill fischen.

Im Park gibt es etwa 40 artesische Quellen wie in der Gegend um Namutoni, bei denen das Wasser durch Druck an die Oberfläche befördert wird; Grundwasserquellen wie in Okaukuejo, Sickerquellen wie Salvadora, Okerfontein und Springbokfontein, und künstliche Bohrlöcher wie in Olifantsbad und Gemsbokvlakte. Alle diese Wasserstellen ziehen ganz bestimmte Tierarten an. So lassen sich in Groot-Okevi nördlich von Namutoni häufig Kudus, Zebras, Giraffen, Elefanten, mit etwas Glück auch Geparden und Leoparden beobachten. Kalkheuvel ist bekannt für seine großen Herden von

Elefanten. In Salvadora und Sueda direkt an der Etosha-Pfanne lassen sich auch häufig Löwen beobachten. Tagsüber dösen sie meist unter einer der Akazien am Rand der Pfanne. Ab dem späten Nachmittag beobachten sie immer aufmerksamer die großen Herden von Zebras und Springböcken, die zum Trinken an die Wasserstelle kommen, und starten dabei schon mal einen Angriff. Von dem auf einer Anhöhe liegenden Beobachtungspunkt lässt sich das animalische Geschehen sehr gut überblicken.

Das brutale Spektakel der Natur …

… setzt sich hier jeden Tag fort: Antilope frisst Gras, Raubkatze frisst Antilope – und so weiter. In der Hitze des Tages ist es an den Wasserlöchern meist ruhig. Leben kommt erst wieder am späten Nachmittag auf. Dann nähert sich ein Tier nach dem anderen den Wasserlöchern: zuerst die Perlhühner, dann die Springböcke und Zebras, später Kudus und Oryx-Antilopen. Steht die Sonne tief, sieht man oft Dutzende von Giraffen über die noch von der Hitze flimmernden Ebenen zu den Wasserlöchern staken. Sind diese Tiere am Wasser angelangt, taxieren sie vorsichtig die anderen. Minuten vergehen. Dann spreizt die Giraffe langsam ihre Beine und führt den

Die Galeriewälder und die südlich anschließende Dornbuschsavanne des die Grenze von Botswana säumenden Chobe River sind nicht nur die Heimat großer Elefantenherden: Neben den grauen Riesen kommen noch andere Tiere zum Trinken an den Fluss, an (und *in*) dem sich auch Kaffernbüffel, Krokodile und Nilpferde sichtlich wohlfühlen.

Die Chobe Safari Lodge liegt direkt am Ufer des gleichnamigen Flusses, nach dem auch der rund 10 500 Quadratkilometer große Chobe-Nationalpark benannt ist. Mit Ausflugsbooten lässt sich die Tierwelt am Chobe River bequem beobachten.

Der leiseste Ton, das kleinste Rascheln im Gebüsch genügt, und schon stiebt das Tier davon.

Die im Grenzgebiet von Simbabwe und Sambia auf einer Breite von rund 1700 Metern in eine nur wenige Meter schmale, 110 Meter tiefe und kaum mehr als 50 Meter weite Schlucht stürzenden Victoriafälle sind die spektakulärsten Kaskaden des Schwarzen Kontinents.

Der schottische Missionar David Livingston, der sich in der Mitte des 19. Jahrhunderts auf den Weg ins dunkle Herz Afrikas machte, gab den Wasserfällen den Namen seiner Königin. Die einheimischen Kololo nennen das ergreifende Naturschauspiel Mosi-oa-Tunya (deutsch: donnernder Rauch). Besonders nah kommt man diesem beim Wildwasserrafting.

Auch das ist eine Möglichkeit, sich (ziemlich rasch) der Natur zu nähern:
Bungee-Sprung von der Victoria Falls Bridge.

> „Wunder stehen nicht im Gegensatz zur Natur, sondern nur im Gegensatz zu dem, was wir über die Natur wissen."
>
> Aurelius Augustinus

Kopf aus sechs Metern Höhe hinunter zum Wasser. In diesem Moment der Gefahr sind die Ohren aufgestellt, sodass ihr nicht das geringste Geräusch entgeht. Der leiseste Ton, das kleinste Rascheln im Gebüsch genügt bereits, und schon stiebt das Tier davon.

Wenn es Nacht wird im Park ...

... neigt sich der Tag dem Sonnenuntergang zu, dann gesellen sich meist auch noch Elefanten zum bunten Tier-Potpourri am Wasserloch. Ganz unbescheiden beanspruchen sie oft ein ganzes Loch für sich. Prustend und schnaubend kommen die Riesen anstolziert. Erst nehmen sie ein paar vorsichtige Schlucke, dann werden diese immer größer, bevor sich die ersten Tiere mit dem Wasser bespritzen. Erst nach einer Stunde oder zwei ziehen sie ihres Weges, machen das Loch aber nicht eher frei, bevor sie sich noch ausgiebig im Staub gebadet haben.

Ist die Sonne über der Savannenlandschaft schließlich untergegangen, haben auch die letzten Elefanten das Weite gesucht. Dann gehört der Etosha-Nationalpark ganz den Tieren der Nacht: Löwe, Leopard, Hyäne und so skurrilen Geschöpfen wie dem Erdferkel, das sich – beinahe nackt, nur mit wenigen borstigen Haaren bedeckt – ausschließlich bei Dunkelheit aus seinem Erdloch traut, um Jagd auf Termiten zu machen.

KAZA-PARK

Naturschutz ohne Grenzen

Im grenzübergreifenden KAZA-Park wollen die fünf Länder Namibia, Botswana, Sambia, Simbabwe und Angola ihren Traum vom Erhalt der afrikanischen Wildnis Wirklichkeit werden lassen und den größten Nationalpark der Erde schaffen – zugunsten der Tierwelt und der einheimischen Bevölkerung.

Es ist eines der ambitioniertesten Naturschutzprojekte der Gegenwart: Seit 2012 entsteht rund um das wild- und pflanzenreiche Okavango-Delta Schritt für Schritt das (nach dem Nordost-Grönland-Nationalpark) zweitgrößte Schutzgebiet der Erde, ein „Kavango-Zambezi Transfrontier Conservation Area" (kurz: KAZA-Park) genanntes grenzüberschreitendes Natur- und Landschaftsschutzgebiet, das sich über eine Fläche von mehr als 440000 Quadratkilometern erstrecken wird. Insgesamt 40 Naturschutzgebiete (darunter der Caprivi-Zipfel in Namibia, die Victoriafälle in Sambia/Simbabwe, der Hwange-Nationalpark in Simbabwe, das Okavango-Delta und der Chobe-Nationalpark in Botswana) werden dafür zusammengefasst.

Memorandum für ein Mammutprojekt

Die Idee für den KAZA-Park wurde bereits im Jahr 2003 geboren. Ursprünglich sollte dieser schon zur Fußball-WM 2010 in Südafrika eröffnet werden. Wegen Unstimmigkeiten zwischen den Ländern musste der Zeitpunkt dann aber immer wieder verschoben werden.

Die Zusammenarbeit von demokratischen Staaten wie Namibia und Botswana mit autoritären Regimen wie jenem in Simbabwe gehört dabei zu den größten Herausforderungen. Immerhin wurde der Park 2012 offiziell eröffnet. Derzeit sind die Mitgliedsländer damit beschäftigt, eine gemeinsame Verwaltung aufzubauen und die Grenzformalitäten zu vereinheitlichen. In naher Zukunft soll es u. a. ein länderübergreifendes Visum für Touristen geben.

Versöhnung vorantreiben

Unterstützt wird das Mammutprojekt unter anderem vom deutschen Bundesministerium für wirtschaftliche Zusammenarbeit und Entwicklung in Kooperation mit der KfW-Entwicklungsbank in Frankfurt.

Mehr als 20 Millionen Euro hat die Bundesregierung bereits in das Projekt gesteckt. „Ziel ist es, die alten Wanderrouten der Tiere wieder herzustellen und die Armut in der Region zu lindern sowie die Versöhnung der einzelnen Mitgliedsstaaten voranzutreiben", erläutert Christoph Kessler, Abteilungsdirektor Landwirtschaft & Naturressourcen Afrika der KfW-Entwicklungsbank.

Zusätzlich zum Schutz des überaus sensiblen Ökosystems will man auch aktiv neue Rückzugsgebiete für Tiere wie das bedrohte Spitzmaulnashorn, Geparden und den seltenen Afrikani-

Wenn Träume wahr werden, werden auch Traumsafaris wahr – im grenzüberschreitenden KAZA-Park etwa, in dem Elefanten Vorfahrt haben.

Flusspferde im Caprivi-Streifen (oben), dem Herzstück des KAZA-Parks. Auch Elefanten (linke Seite) sollen sich hier in ihrem natürlichen Lebensraum frei bewegen können.

„Ziel ist es, die alten Wanderrouten der Tiere wiederherzustellen und die Armut in der Region zu lindern ..."

Christoph Kessler

Auch der Caprivi-Zipfel (hier eine Seerose und ein Graulärmvogel beim Camp Kwando) gehört zum riesigen, grenzüberschreitenden Gebiet des KAZA-Parks.

schen Wildhund schaffen. Zugleich soll in dieser bislang schlecht erschlossenen Region ein nachhaltiger Tourismus gefördert werden, was jene Einheimische überzeugen könnte, die derzeit von dem Park in erster Linie Nachteile befürchten: Jagdverbote, Ernteschäden durch Elefanten aus dem benachbarten Botswana und Umsiedlungsaktionen. Aber Christoph Kessler betont: „Die Menschen sollen vom Tourismus im Park profitieren."

Detaillierte Informationen ...

....

... zum KAZA-Park liefert das Park-Sekretariat in Kasane/Botswana, www.kavangozambezi.org.

Einen Überblick über alle afrikanischen Friedensparks findet man auf der Webseite der Peace Parks Foundation, www.peaceparks.org.

Und die Rechnung sei relativ einfach, fügt er hinzu: „Acht Touristen schaffen einen permanenten Arbeitsplatz."

Eine riesige Herausforderung ...

... sind die Elefanten: Im Chobe-Nationalpark in Botswana lebt heute fast ein Drittel aller afrikanischen Elefanten. Diese zerstören zunehmend die landwirtschaftlichen Nutzflächen und stellen so für die lokale Bevölkerung eine Bedrohung dar. Auch in diesem Zusammenhang könnte der KAZA-Park hilfreich sein, denn mit ihm wurden Grenzen geöffnet und Veterinärzäune abgerissen. So erweitert sich der natürliche Lebensraum für die Tiere grenzüberschreitend und ermöglicht ihnen eine Rückkehr auf ihre alten Wanderrouten. Im Süden Angolas steht den Elefanten ein bislang ungenutztes Rückzugsgebiet zur Verfügung. Auch deshalb sprechen die Initiatoren vom „bedeutendsten Naturschutzprojekt in Afrika in den vergangenen 100 Jahren".

Seit seiner offiziellen Eröffnung ist der KAZA-Park auch der größte von insgesamt zehn grenzübergreifenden Friedensparks im südlichen Afrika.

Afrikas Tierwelt

Sie könnten unterschiedlicher nicht sein. Dennoch formen der trockene Etosha-Nationalpark und der tropisch-feuchte Caprivi-Zipfel die beiden größten Tierparadiese in Namibia. Beinahe alle afrikanischen Tierarten lassen sich hier beobachten: von Elefanten über Löwen und Nashörner in Etosha bis hin zu Krokodilen, Flusspferden und Büffeln in der Region Sambesi (ehemals Caprivi-Region).

Immer eine gute Adresse: die Onguma Safari Camps – hier „The Fort" beim Etosha-Nationalpark.

Der Park ist über vier verschiedene Tore erreichbar: das Andersson Gate bei Okaukuejo im Süden, das Von Lindequist Gate bei Namutoni im Osten, das King Nehale Gate im Norden und das erst 2014 eröffnete Galton Gate im äußersten Westen des Parks.

UNTERKÜNFTE

In den drei großen Resorts Okaukuejo, Namutoni und Halali gibt es Geschäfte, Restaurant und Tankstelle sowie beleuchtete Wasserlöcher, an denen nachts viele Tiere zu beobachten sind. Alle Resorts werden von Namibia Wildlife Resorts (NWR) betrieben (Vorabreservierung ratsam, Tel. 061 2 85 72 00, www.nwr.com.na).

€€ **Okaukuejo** Das älteste und beliebteste der Camps liegt 17 Kilometer nördlich des Südeingangs des Parks. Heute haben in der ehemaligen deutschen Polizeistation die Parkverwaltung und das ökologische Institut ihren Sitz. Das Camp verfügt über normale Doppelzimmer, einfache Bush-Chalets, große Family-Chalets und einen Campingplatz.

€ **Namutoni** Wer sich für die deutsche Geschichte interessiert, der ist in Namutoni, dem alten deutschen Fort von 1903, genau richtig. Zum Sonnenuntergang wird hier – begleitet von Trompetenfanfaren – die namibische Fahne eingeholt. Das Camp liegt im Ostteil des Nationalparks, 123 Kilometer von Okaukuejo entfernt. Auch hier stehen verschiedene Unterkunftsmöglichkeiten zur Verfügung – vom komfortablen Chalet bis zum Campingplatz.

€€ **Halali** Unter dem Schatten der Mopanebäume liegt auf halber Höhe zwischen Okaukuejo und Namutoni das dritte große Camp. Nach Namutoni und Okaukuejo sind es jeweils etwa 70 Kilometer. Halali verfügt über Zwei- und Vierbett-Bush-Chalets, Family-Chalets, Double Units und einen großen Campingplatz.

Das €€€ **Onkoshi Camp** liegt 34 Kilometer nördlich von Namutoni. Hoch oben auf Stelzen gebaut, findet man 15 luxuriöse Chalets an einem der am wenigsten zugänglichen Plätze des Parks am Nordrand der Etosha-Pfanne. Das im Mai 2011 eröffnete €€€ **Dolomite**

① Otjiwarongo

Die lebhafte 30 000-Einwohner-Stadt liegt etwa 150 Kilometer vom Südtor des Etosha-Nationalparks entfernt und dient heute vor allem der Versorgung der umliegenden Farmer. Einst war dies einer der wichtigsten Orte an der Anfang des vergangenen Jahrhunderts gebauten Eisenbahnstrecke von Windhoek nach Tsumeb. Noch heute erinnert die Lok Nummer zwei vor dem Bahnhofsgebäude an den schnellen Aufschwung von damals.

SEHENSWERT/MUSEUM

Die **Krokodilfarm** in der Hage Geingob Street (Tel. 067 30 21 21) züchtet riesige Exemplare der urzeitlichen Echsen für eine internationale Käuferschaft (Führungen Mo.–Fr. 9.00–16.00, Sa./So. 9.00–14.00 Uhr). Im etwa 50 km südl. der Stadt gelegenen **Kunstmuseum Etaneno** (www.etaneno.de), im Jahr 1999 von den Architekten Erwin Gebert und Alfonso Hüppi errichtet, werden Werke zeitgenössischer namibischer Künstler gezeigt.

UNTERKUNFT

Rund 43 km nordöstlich von Otjiwarongo gelegen, bietet die €€€ **Frans Indongo Lodge** schöne, im Stil eines traditionellen Krals gebaute Chalets, einen Pool, ein Restaurant, eine schöne Terrasse und sogar ein Wasserloch zur

Tierbeobachtung (Tel. 067 30 79 46, www.indongolodge.com).

② Etosha-Nationalpark

Der **Etosha-Nationalpark TOPZIEL** legt sich kreisförmig um die 6000 km² große Etosha-Pfanne – Teil eines vorzeitlichen, von den großen Flüssen im Norden gespeisten, aber schon vor 120 Millionen Jahren ausgetrockneten Sees. Dessen weißer, kalkhaltiger Boden gibt dem Park heute sein Gesicht.

SEHENSWERT

Eine Vielzahl von natürlichen und künstlichen Wasserstellen am Südrand der Etosha-Pfanne garantiert hervorragende Möglichkeiten zur Tierbeobachtung (siehe auch „Unsere Favoriten", S. 18). In besonders guten Regenjahren läuft die Etosha-Pfanne etwa zehn Zentimeter hoch voller Wasser und lockt Tausende Wasservögel zum Brüten an. Im Park führt ein rund 700 Kilometer langes Netz von „Pads" (Schotterpisten) zu den Wasserlöchern. Die Maximalgeschwindigkeit beträgt 60 km/h, das Auto darf nur an den gekennzeichneten Stellen verlassen werden. Einlass ist ab Sonnenaufgang. Jeder Besucher wird registriert und muss den Park bis Sonnenuntergang verlassen oder eine der Unterkünfte im Park angesteuert haben.

Oben: Morgenstimmung am Okavango-Fluss. Links: Nashorn am nachts künstlich beleuchteten Wasserloch des Camps Halali im Etosha-Nationalpark. Ganz links: am Waterberg.

Camp mit seinen 20 Privatchalets bietet tolle Tierbeobachtungsmöglichkeiten im wilden Westen des Parks. Zum 2014 eröffneten Galton Gate sind es etwa 40 Kilometer. Im selben Jahr wurde auch das etwa 60 Kilometer von diesem Tor entfernte € **Olifantsrus Camp** eröffnet – ein eingezäuntes Gelände mit 10 Zeltplätzen.

❸ Waterberg

Mehr als 200 Meter ragt der Waterberg über die Hochebene im Norden Namibias. Der Tafelberg ist knapp 50 Kilometer lang und 15 Kilometer breit. Auf dem 400 Quadratkilometer großen Plateau hat die namibische Regierung einen Nationalpark eingerichtet, in dem man geführte Wanderungen unternehmen kann. Ursprünglich zum Schutz der Elenantilope geschaffen, beherbergt das Schutzgebiet heute auch die beiden in Namibia vorkommenden Nashornarten, Breitmaul- und Spitzmaulnashorn. Hinzu kommen Büffel, Rappen-, Pferde- und Leierantilopen sowie Leoparden. Das Rastlager wird von der staatlichen Parkgesellschaft betrieben und verfügt über 69 Chalets sowie einen Campingplatz.

INFORMATION
www.nwr.com.na

❹ Tsumeb

Die betriebsame 19 000-Einwohner-Stadt liegt etwa 70 Kilometer vor dem Osttor des Etosha-Nationalparks. Hier haben sich private Lodges und Gästefarmen – oft eine gute Alternative zu den Unterkünften im Park – angesiedelt.

SEHENSWERT/MUSEUM
Im Zentrum gibt es einige schöne Kolonialbauten. Besonders sehenswert ist das **Gebäude der Minengesellschaft OMEG** mit Uhrturm. Einen Überblick über die fast 200 in der Region abgebauten Mineralienarten gibt das **Tsumeb Museum** in der President Street neben der Evangelisch-Lutherischen Kirche (Mo.–Fr. 9.00 bis 12.00 und 14.00–17.00, Sa. 9.00–12.00 Uhr). Im **Tsumeb Cultural Village** zwei Kilometer südlich vor den Toren der Stadt bekommen Besucher interessante Einblicke in die Lebensweisen der verschiedenen Volksgruppen die-

ser Region. Dort werden auch traditionelle Tänze aufgeführt (Tel. 067 22 07 87).

UNTERKÜNFTE
€ **Sachsenheim Guest Farm** 25 Kilometer vor dem Osttor des Etosha-Nationalparks gelegen, bietet die Farm günstige und saubere Zimmer sowie mehrere Campingstellplätze, Restaurant, Schwimmbad und Bar (Tel. 067 23 00 11, www.sachsenheim-wild.de).
€€€ **Onguma – The Fort** Das größte der Onguma-Camps ist einer Festungsanlage aus der Kolonialzeit nachempfunden und bietet luxuriöses Ambiente vor dem Osttor des Parks. Zwölf exklusive Suiten mit Terrasse sowie eine Fort Suite, dazu Restaurant, Souvenirshop, Lounge, Aussichtsplattformen und Schwimmbad (Tel. 061 23 70 55, www.onguma.com).
€€€ **Ongava Lodge** Im Ongava Game Reserve am Südrand des Etosha-Nationalparks gelegen. Die 14 Chalets wurden schön am Fuß eines Hügels errichtet. Die größte Attraktion im Reservat sind Breit- und Spitzmaul-Nashörner (Tel. 083 3 30 39 20, www.ongava.com).
€€ **Etosha Safari Lodge** Neun Kilometer vor dem Andersson Gate (Südtor) auf einer Anhöhe gelegen, bieten Restaurant und Bungalows einen herrlichen Blick über die Buschlandschaft. Die 65 Doppelzimmer-Chalets sind mit Klimaanlage und Moskitonetz ausgestattet. Drei Schwimmbecken. Neben Restaurant und Bar gibt es ein Holzdeck für Sundowner hoch über dem Buschland (Gondwana Collection, Tel. 061 23 00 66, www.gondwana-collection.com).

❺ Katima Mulilo

Die 30 000-Einwohner-Stadt ist ein idealer Ausgangspunkt für Touren in den **Caprivi-Zipfel** TOPZIEL und über die Landesgrenzen hinaus (siehe Tipp). Von hier starten auch die Touren zu den Victoriafällen (200 Kilometer) an der Grenze von Sambia zu Simbabwe, in den Chobe-Nationalpark (70 Kilometer) und ins Okavango-Delta in Botswana (350 Kilometer). Der

Caprivi-Zipfel ist die einzige Region Namibias, die fast ausschließlich in den Tropen liegt. Mehrere ganzjährig wasserführende Flüsse wie der Okavango, der Kwando und verschiedene Nebenarme des Sambesi machen den Caprivi-Zipfel zu einer sehr wildreichen Region. Allerdings sind in der Regenzeit (Dez.–März) viele Pisten nur sehr schwer befahrbar. Dann herrscht auch eine erhöhte Malaria-Gefahr!

SEHENSWERT
Der **Mudumu-Nationalpark** ganz im Osten bei Katima Mulilo ist ein mehr als 1000 km² großer, sehr wildreicher Park. Der **Nkasa-Lupala-Nationalpark** liegt an den Flüssen Kwando und Linyanti im Südwesten des Caprivi-

Tipp

Einige Ausflüge ...

... sollten auch über die namibische Landesgrenze hinaus führen, etwa zu den spektakulären, vom Caprivi-Zipfel in einer halben Tagesreise an die Grenze von Sambia zu Simbabwe zu erreichenden ❻ **Victoriafällen.** Ein Ausflug in den ❼ **Chobe-Nationalpark** lohnt sich vor allem wegen der enormen Elefantenpopulation mit mehr als 120 000 sensiblen Dickhäutern – von Katima Mulilo benötigt man bis an die nördliche Parkgrenze bei Kasane etwa zwei Stunden. Eine Safari im Nordwesten von Botswana, im ❽ **Okavango-Delta,** bietet Natur pur. Hier versickert der Okavango-Fluss im Sand des Kalahari-Beckens und schafft dabei eine einzigartige Flora und Fauna: Das Delta zählt 1300 Pflanzen-, mehr als 70 Fisch-, 33 Amphibien-, 64 Reptilien- und 440 Vogelarten sowie 122 Arten von Säugetieren. Im Delta sowie an dessem Rand gibt es einige sehr schöne, nicht ganz billige Lodges in atemberaubender Natur. Zur Fortbewegung im Delta bedient man sich entweder des Einbaums (Mokoro) oder des Flugzeugs. Den höchstern Wasserstand erreicht das Delta genau dann, wenn im übrigen Botswana Trockenzeit herrscht.

Tipp

Wildlife pur

Im **9 Khaudum Game Park** an der Grenze zu Botswana erwartet den Besucher Afrika-Abenteuer pur. Völlig abgeschieden vom Rest des Landes, trifft man hier noch auf fast unberührte Landschaften und eine Vielzahl von Tieren, darunter Elefanten, Löwen, Leoparden, Antilopen sowie rund 320 verschiedene Vogelarten. Im nicht eingezäunten Park gibt es so gut wie keine Infrastruktur, nur zwei spartanische Buschcamps: Khaudum im Norden, Sikereti im Süden. Wasser, Essen, Benzin und Feuerholz muss jeder selbst mitbringen. Der Besuch des Khaudum Game Parks ist nur in den trockenen Wintermonaten zwischen Juni und Oktober zu empfehlen, die Fahrt nur mit mindestens zwei Autos gestattet. Eine rechtzeitige Reservierung ist unerlässlich, da gerade zur Ferienzeit alle Quartiere oft schon Wochen im Voraus ausgebucht sind.

INFORMATION
Namibia Wildlife Resorts (NWR), Central Reservations Office, Tel. 061 2 85 72 00, www.nwr.com.na

---

Zipfels. Während der Trockenzeit können die Inseln über Wege im Park erreicht werden; nach Regenfällen ist der Park zu 80 Prozent mit Wasser bedeckt. Der 6100 km² große **Bwabwata-Nationalpark** (siehe „Unsere Favoriten", S. 18) am Eingang zum Caprivi-Streifen ging 2007 aus dem einstigen Caprivi Game Park hervor.

UNTERKÜNFTE
€€ **Caprivi River Lodge** Fünf Kilometer östlich von Katima Mulilo wunderschön am Sambesi gelegen. Die Gäste wohnen in kleinen, gemauerten Chalets mit tollem Blick auf den Fluss (Tel. 066 25 22 88, www.capririverlodge.com).
€€€ **Camp Kwando** Etwa 28 km südlich von Kongola. Die 13 Zelte und sechs Hochbungalows liegen traumhaft schön – direkt am Fluss. Von den Betreibern werden Pirschfahrten zu Wasser und zu Lande angeboten sowie Besuche im Lizauli Traditional Village (Tel. 066 68 60 21, www.campkwando.com).
€€€ **Nambwa Tentede Lodge** Die im November 2014 eröffnete Lodge thront auf vier Meter hohen Stelzen auf einer Waldinsel im saisonal überfluteten Schwemmland des Kwando-Flusses im Herzen des Bwabwata-Nationalparks und ist ein idealer Ausgangspunkt, um den namibischen Teil des fünf Länder umfassenden KAZA-Parks zu entdecken (siehe DuMont Thema, S. 62 f.). Wem die Zeltchalets zu teuer sind, für den gibt es auch einen Campingplatz mit allem, was für Selbstversorger wichtig ist: WCs, Duschen und Feuerstelle (African Monarch Lodges, Tel. 061 40 05 10, www.nambwalodge.com).

Genießen   Erleben   Erfahren

Vom Zauber der Nacht

DuMont Aktiv

Eine Safari ist schon bei Tag eine wunderbare Sache, bei Nacht und im offenen Geländewagen kann es richtig spannend werden. Im Etosha-Nationalpark bietet die Parkbehörde solche Safaris mit erfahrenen Rangern an – Gänsehautfeeling inklusive.

Victor flüstert, als wolle er die Ruhe der Nacht nicht stören: „Es sind zehn und sie sind auf der Jagd. Sechs große und vier kleine." Noch einmal schaltet er das Spotlight ein und durchfurcht das mannshohe Gras wie mit einem Rechen. Da liegen sie: zehn Löwen, kaum fünf Meter von uns entfernt. Noch einmal blicken sie in alle Richtungen, riechen, wittern, prüfen. Als kein Beutetier in Sicht ist, beginnen sie zu spielen, werfen sich aufeinander, balgen, kämpfen. Eine ganze Stunde können wir sie aus nächster Nähe beobachten.

Drei Stunden lang fährt man bei einer solchen Nachtsafari mit riesigen Scheinwerfern durch den Park. „Das Scheinwerferlicht ist rot, weil das die Tiere weniger stört", sagt Victor. „Wenn wir ihnen mit weißem Licht in die Augen leuchten, sind die Tiere für zehn bis 15 Minuten blind. Das kann ihnen das Leben kosten." Am Ende unserer Nachtsafari haben wir neben den zehn Löwen noch vier Nashörner – davon ein Muttertier mit Kind – und mehr als zwei Dutzend Elefanten gesehen; mehr Tiere, als den ganzen Tag über. „Die Quote ist natürlich nicht immer so gut", sagt Victor und fügt hinzu: „Aber nachts sieht man eben ganz andere Dinge als tagsüber. Da kann dann auch mal ein Leopard oder eines der auch in Namibias wildreichsten Reservaten sehr seltenen Erdferkel dabei sein."

Auf einen Blick

Nachtsafaris werden in allen Camps in Etosha angeboten und kosten umgerechnet etwa 36 Euro pro Person, Getränke inklusive. Die Buchung kann am Tag selbst im Camp vorgenommen werden oder vorab bei Namibia Wildlife Resorts (NWR), Tel. 061 2 85 72 00, www.nwr.com.na.

Namibias Sommerfrische

Kilometerlange Sandstrände wie auf Rügen, wilhelminische Prachtbauten wie in Berlin oder Potsdam – und nach dem Reinheitsgebot von 1516 gebrautes Bier: Swakopmund könnte man auch als das südlichste deutsche Seebad bezeichnen. Doch die Stadt hat sich in den letzten Jahren deutlich gewandelt. Geblieben ist der Ruf als Sommerfrische des Landes – zurecht, weil es hier in der Regel deutlich kühler ist als im zentralen, von der Hitze geplagten Hochland.

Diese ehemalige deutsche Kaserne erinnert noch an vergangene Tage. Doch auch in Swakopmund blickt man heute vor allem in die Zukunft.

Das schon von Weitem an seinem markanten Turm erkennbare Woermann-Haus entstand in den Jahren 1903/1904 und war einst Sitz der damals bedeutendsten Import-Export-Gesellschaft in Südwestafrika.

Sushi in Swakopmund? Warum nicht: Im Restaurant „Jetty" auf der Landungsbrücke gibt's auch japanisch zubereiteten rohen Fisch – getoppt nur vom grandiosen Meerblick jenseits der Glasveranda.

Das im Jahr 1906 errichtete Hohenzollernhaus war zunächst ein Hotel. Heute werden hier Appartements vermietet.

Eine Bismarckstraße gibt es nicht nur in Windhoek, sondern auch in Swakopmund.

Special

Hererofrauen

Zwischen den Kulturen

In den Trachten der Hererofrauen spiegelt sich die wechselvolle Geschichte des Landes wider. Ihre bunten Gewänder sind den Kleidern deutscher Missionarsfrauen nachempfunden, das zu einem Dreieck gebundene Kopftuch verweist auf die eigene Kultur.

In Namibia erzählt man sich, die Missionarinnen hätten den Hererofrauen vor allem deshalb das Schneidern der bunten Kleider beigebracht, damit die Sinne ihrer eigenen Männer nicht von spärlich bekleideten afrikanischen Schönheiten verwirrt werden konnten. Die beiden nach rechts und links abstehenden, mal in ausladender, mal in weniger breiter Form getragenen Kopftücher symbolisieren die Hörner eines Stiers: Bis heute gilt bei den Herero das Vieh als Symbol für Reichtum und Ansehen. Während der Kolonialzeit erwiesen sich die Herero als zähe Gegner der deutschen Herrschaft. Doch beim Aufstand am Wa-

Erfrischend selbstbewusst: Hererofrau(en)

terberg im Jahr 1904 kamen schätzungsweise mehr als 80 Prozent der Herero ums Leben. Die Verbliebenen verschlug es danach in alle Winde. Inzwischen leben wieder rund 120 000 Herero in Namibia.

D er Himmel hängt tief über den Dächern von Swakopmund. Über den Kirchturmspitzen wabern dichte Nebelschwaden. Vom Meer her weht eine salzige Brise. Die ganze Stadt überzieht ein Flaum aus feinen Wasserperlen, die Kleider werden klamm. Unübersehbar sind die Spuren, welche die Kolonialzeit hier an der afrikanischen Küste hinterlassen hat: Wilhelminische Giebel thronen auf den Häusern, Walmdächer und Jugendstilfassaden allenthalben. Namen wie „Altes Amtsgericht", „Schlachterei" und „Deutsche Oberschule" erinnern bis heute an die Kaiserzeit. Doch Swakopmund ist nicht nur die „deutscheste Stadt Namibias", sondern auch die beliebteste Sommerfrische des Landes. Zwar spült der Benguela-Strom Wasser von arktischer Kälte an die Küste und kondensiert die Luft an mehr als 300 Tagen im Jahr zu Nebel. Aber meist lösen sich die Nebelschwaden schon am Vormittag auf, und bald darauf strahlt wieder die afrikanische Sonne vom Himmelszelt.

Die deutsche Kolonialzeit in Namibia war eine kurze, aber intensive Epoche. Und sie ist eng verbunden mit Swakopmund: 1892 landete das deutsche Kanonenboot SMS Hyäne an der südwestafrikanischen Küste und dokumentierte des Kaisers kolonialen Anspruch, indem die deutschen Schutztruppler mit Holzplan-

Mangelt es dem Snowboarder am Snow, landet er eben im Sand: Jedenfalls dann, wenn er Glück und die Düne mehr oder weniger vor der Haustüre hat. Andere erproben im Sand ihre Allradfahrerqualitäten und kommen dabei hoffentlich weder sich selbst noch den Sandboardern in die Quere. Dass das Strandleben in Swakopmund gute Laune macht, muss an dieser Stelle gar nicht erst behauptet werden – ein Lächeln sagt eben mehr als tausend Worte. Ob die fröhlich-vereinnahmende Geste der beiden Strandschönen dem sprichwörtlichen Schiff gilt, das da unweigerlich kommen wird, kann mit Fug und Recht bezweifelt werden – denn das Schiff kommt zwar, aber nicht zu den Strandschönen, sondern nach Walvis Bay. Und zwar aus einem ganz profanen Grund: um dort repariert zu werden.

ken eine mögliche Landestelle für ihre Schiffe nördlich der Mündung des Swakop-Flusses markierten. Am 12. September 1892 legte der Reichskommissar und Befehlshaber der Schutztruppe, Hauptmann Curt von François, den Grundstein für die Stadt. Zwei Jahre später nahm die Hamburger Reederei Woermann den regelmäßigen Schiffsverkehr zwischen Europa und Afrika auf, 1899 wurde Swakopmund an das Überseekabel von Kapstadt nach Großbritannien angeschlossen. Nur zehn Jahre nach seiner Gründung war Swakopmund bereits eine Ansiedlung mit 2000 Einwohnern – und angebunden an die große, weite Welt.

Eine neue Zeitrechnung: Namibia wird unabhängig

Zu Beginn des Ersten Weltkriegs wurde Deutsch-Südwest von britischen Truppen besetzt. Im Jahr 1919 stellte der Völkerbund die einstige deutsche Kolonie unter die Verwaltung der Südafrikanischen Union. Mehr als 70 Jahre lang stand das Land danach unter dem Einfluss Südafrikas. Erst im Jahr 1989 zogen die letzten Soldaten ab; bei den Wahlen gewann die SWAPO 41 Sitze, die „Demokratische Turnhallenallianz" (DTA) erreichte 21 Sitze, und am 21. März 1990 wurde offiziell Namibias Unabhängigkeit erklärt.

In den zweieinhalb Jahrzehnten danach ist viel geschehen, im Land wie in Swakopmund. Ab 2001 wurden die ersten Straßen umbenannt – die zentrale Kaiser-Wilhelm-Straße wandelte sich zur Sam-Nujoma-Avenue. 2009 änderte man sogar das Wappen der Stadt: Die im Herzschild gezeigte schwarz-weiß-rote deutsche Reichsflagge wurde durch das Wappen Namibias ersetzt.

Wer heute durch die Stadt spaziert, sieht, dass der Veränderungsprozess noch immer im Gang ist. Zwar wirkt die Altstadt nach wie vor recht beschaulich: eine Puppenstubenstadt am Atlantik mit von feinstem Jugendstil gesäumten Straßen und Denkmälern auf grünem Rasen. Nur ein paar Blocks weiter geht es wesentlich bunter zu – in der Township

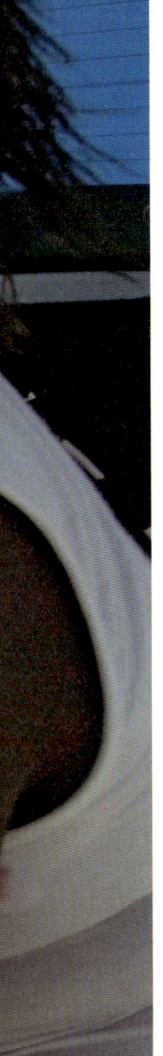

Durchblick: An Zuckerhüte erinnern die Kegel der (1728 Meter) Großen und (1584 Meter) Kleinen Spitzkoppe – ein faszinierender Skulpturengarten der Erosion.

Mann vor Felslandschaft: „Bulls Party" heißt diese individuell geformte Laune der Natur auf der Ameib Ranch in der Nähe von Usakos.

Mondesa. Diese entstand gegen Ende der 1950er-Jahre als erste von vier Siedlungen dieser Art. Während der Apartheid brauchte Swakopmund viele Arbeitskräfte, um den hohen Lebensstandard der Weißen zu sichern, und so diente Mondesa mehrere Jahrzehnte lang als Unterkunft für die männlichen Arbeiter – die man zwar zum Arbeiten nach Swakopmund lockte, denen man aber verbot, ihre Familien mitzunehmen. Das machte die Township lange Zeit zu einem sozialen Brennpunkt, an dem es immer wieder zu Konflikten kam.

Erst mit dem Ende des Apartheid-Regimes durften die Arbeiter, von denen die meisten aus dem Ovamboland im Norden Namibias stammten, ihre Frauen und Kinder endlich nachholen. Bald platzte die Township aus allen Nähten – inzwischen wird in Mondesa fast an jeder Ecke etwas gebaut. Geteerte Straßen entstehen und moderne Steinhäuser, aus deren geöffneten Fenstern oft noch bis tief in der Nacht Musik und das Gewirr von Stimmen klingt.

Swakopmund wird bunt

Im Stadtzentrum sprießen private Unternehmen wie Pilze aus dem Boden, die Outdooraktivitäten wie Quad-Biken, Sandboarding oder Skydiving anbieten. Auch Ausflüge in die Dünen, an die Skelett-

küste wie zur unweit gelegenen Robbenkolonie von Cape Cross starten hier. Der Tourismus boomt. Ein Grund dafür ist die stark verbesserte Verkehrsanbindung: Zwischen Windhoek und Swakopmund verkehren Linienflugzeuge. Auch der Desert Express, der moderne Wüstenzug, der seit 1998 zweimal wöchentlich in Swakopmund einrollt, bindet die Küste an die Hauptstadt an.

Ganz neu sind seit 2015 auch zwei hochmoderne Hotels: das „The Delight" der Gondwana Collection und das „Strand Hotel" der Ohlthaver & List-Gruppe. Als Letzteres Anfang Oktober 2015 eröffnet

wurde, drängten sich die Besucher in der großzügigen Lobby. Einhelliges Lob: Ein solches Haus auf Vier-Sterne-Niveau steht Swakopmunds Hafenmeile sehr gut zu Gesicht. Fast alle der 125 Zimmer bieten einen Blick auf den Atlantik. Im „Ocean Cellar" servieren die Kellner Sushi, Sashimi, Austern und jede Menge

frischen Fisch aus dem Atlantik. Im „Café Mole" im Stil der 1950er-Jahre genießen die Gäste hausgemachtes Eis. Gastronomisches Highlight aber ist das „Farmhouse Deli" mit seiner offenen Küche, in der vor den Augen der Gäste ausgezeichnete internationale Gerichte zubereitet werden. Mehr als 21 Millionen Euro hat der Neubau gekostet.

Im Desert Express durch die Wüste bis an den Atlantik

Einmal quer durch die Namib fährt der Zug bis an die Küste. Unterwegs hält man zur Wildbeobachtung auf einer

> In Swakopmund tauscht man die Hitze der Wüste gegen die Frische des Atlantiks ein.

Gästefarm und nachts zur Sternenschau mitten in der Wüste. Hunderte ausländischer Besucher gelangen so jede Woche in die Stadt. Hinzu kommen jene Gäste, die Swakopmund mit dem Mietwagen oder in Reisebussen erreichen, um für ein paar Tage die Hitze der Wüste gegen die Frische des Atlantiks einzutauschen.

Die schönsten Panorama-Lodges

Was für eine Aussicht!

In keinem anderen afrikanischen Land gibt es so viele Unterkünfte an so fantastischen Orten wie in Namibia. Ob in der Weite der Wüste Namib, am Rand der Etosha-Pfanne oder am Fish River Canyon im äußersten Süden: Namibias Unterkünfte verzaubern vielfach schon durch ihre Lage. Wir stellen Ihnen hier die spektakulärsten Lodges vor.

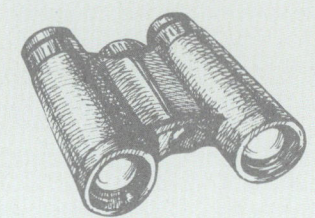

2 Okahirongo Elephant Lodge

3 Nambwa Tented Lodge

4 Onkoshi

5 Mowani Mountain Camp

1 Serra Cafema

Am Hochufer des Kunene-Flusses an der Grenze zu Angola liegt eines der abgeschiedensten Camps des Landes. Serra Cafema ist in Form und Bauweise den Kralen der ortsansässigen Himba nachempfunden. Die acht Zeltchalets verbinden rustikales Flair mit modernem Komfort. Von allen bietet sich ein fantastischer Ausblick über den Kunene-Fluss und die wilde Landschaft des Kaokovelds.

Die sieben Chalets der Okahirongo Elephant Lodge hoch über der Himba-Siedlung Purros gehören zum Schönsten, was Namibia zu bieten hat. Von der Terrasse fällt der Blick in das Bett des Hoarusib. In seinem Flusstal äsen Oryx-Antilopen, Springböcke, Giraffen und Wüstenelefanten unter riesigen Ana-Bäumen. Mit etwas Glück kann man sogar die seltenen Wüstenlöwen beobachten. Abends speist man traumhaft unter freiem Himmel.

Kann eine Unterkunft noch spektakulärer liegen? Die Nambwa Tented Lodge thront auf vier Meter hohen Stelzen auf einer Waldinsel in dem saisonal überfluteten Schwemmland des Kwando-Flusses im Herzen des Bwabwata-Nationalparks. Der Blick auf den Fluss ist einfach nur grandios. Wem die zehn exklusiven Zelt-Suiten zu teuer sind, für den gibt es auch einen Campingplatz mit allem, was für Selbstversorger wichtig ist.

Die 15 luxuriösen Chalets der staatlichen Lodge liegen 34 Kilometer nördlich von Namutoni an einem der unzugänglichsten Orte des Etosha-Nationalparks. Hin und wieder stakst eine Oryx-Antilope auf der brüchigen Oberfläche der Etosha-Pfanne vorbei, oft sieht man Zebras und Springböcke, manchmal sogar Löwen. Aber man begegnet hier kaum einer Menschenseele. Die Übernachtung ist nicht ganz billig, aber wer sich in Onkoshi einbucht, dem kommt es so vor, als hätte er Etosha hier ganz für sich.

Märchenhaft liegt das Mowani Mountain Camp im Damaraland inmitten gigantischer Granitmurmeln. Von den Chalets genießt man einen traumhaften Blick auf die Landschaft. Zu den Felszeichnungen von Twyfelfontein ist es von hier nur ein Katzensprung. Ein Pool zwischen den Felsen lädt zur Abkühlung ein. Für den Sundowner auf den Felsen über der Lodge gibt es nur ein Wort: atemberaubend!

Wilderness Safaris, Tel. 0027 11 8 07 18 00, www.wilderness-safaris.com

Okahirongo Elephant Lodge, Tel. 064 65 68 50 18, www.okahirongolodge.com

Nambwa Tented Lodge, Tel. 064 61 40 05 10, www.nambwalodge.com

Namibia Wildlife Resorts, Tel. 064 6 12 85 72 00, www.nwr.com.na

Mowani Mountain Camp, Tel. 064 61 23 20 09, www.mowani.com

5

3

4

ANGOLA

ZAMBIA

Kunene

Cubango

Zambezi

Rundu

1

Etosha-
Pfanne

2

4

Okavango-
delta

Grootfontein

3

5

N A M I B I A

BOTSWANA

ATLANTISCHER OZEAN

Swakopmund

Walvis Bay

Windhoek

Kalahari

8

9

Mariental

6

7

Keetmanshoop

Lüderitz
(!Nami≠nûs)

10

SÜDAFRIKA

Orange

---

6 Sossus Dune Lodge

Ruhe, Weite, Einsamkeit: Die 25 großzügig gestalteten Chalets am Rand der Dünen von Sossusvlei fügen sich nahtlos in die Namib ein. Der Blick auf das Sandmeer ist unübertroffen. Die beste Zeit in der Sossus Dune Lodge sind die Abendstunden: Am Gin Tonic nippen, köstlich speisen und danach in die Sterne gucken – das ist in jeder Hinsicht eine gute Kombination.

Namibia Wildlife Resorts, Tel. 064 6 12 85 72 00, www.nwr.com.na

7 Wolwedans

Mitten in der Unermesslichkeit der Namib hat ein cleverer Deutsch-Namibier das geschaffen, was man als Tourist einen Traum nennt: ein Privatreservat, fast so groß wie das Saarland, mit so geschickt angelegten Unterkünften, dass man als Gast die Weite der Wüste quasi für sich alleine hat (siehe auch DuMont Thema, S. 42 f.). Wer in einem der fünf exklusiven Camps unterkommt, der residiert am Rand der Wüste – oder besser gesagt mittendrin.

Namib Rand Safaris, Tel. 064 61 23 06 16, www.wolwedans.com

8 Namib Desert Lodge

Die Doppelhaus-Bungalows dieser Lodge verstecken sich hinter den turmhohen, versteinerten Dünen der Ur-Namib unweit der Dünen von Sossusvlei. Besonders toll ist die Stimmung morgens: Der himmlischen Ruhe der Nacht folgt bei Sonnenaufgang ein faszinierendes Farbenspiel von Blau über Gelb bis zu glühendem Rot. An der beleuchteten Wasserstelle tummeln sich gut zu beobachtende Oryx-Antilopen und Springböcke.

Gondwana Collection, Tel. 064 61 42 70 00, www. gondwana-collection.com

9 Red Dunes Lodge

Die Schönheit der Red Dunes Lodge ist kaum in Worte zu fassen: Die zwölf Gästehäuser liegen malerisch am Rand einer Lehmpfanne zwischen den unendlichen Dünenketten der Kalahari. Die Chalets sind auf Stelzen errichtet und mit Fußböden aus Teakholz ausgestattet. In dem 4000 Hektar großen privaten Wildschutzgebiet leben Giraffen, Eland-Antilopen, Zebras, Impalas, Springböcke, Oryx, Kudus, Gnus und Rote Kuhantilopen.

Red Dunes Lodge, Tel. 064 63 26 40 03, www.redduneslodge.com

10 Fish River Lodge

Geht es nach dem Weitblick, dann ist die Fish River Lodge die unübertroffene Nummer eins in Namibia. Mit ihren quaderförmigen Chalets fügt sich die Designer-Lodge perfekt in die Natur des Fish River Canyons ein. Sie ist darüber hinaus die einzige, die direkt am Rand der Schlucht liegt und einen herrlichen Ausblick in die wunderbare Natur gewährt. Von den Betten aus genießen die Gäste jeden Morgen ein schier unglaubliches Kaleidoskop an Farben.

Fish River Lodge, Tel. 064 61 22 81 04, www.fishriver lodge-namibia.com

Petrified Forest ✱

Vingerklip Rock

Khorixas

D A M A R A L A N D

Aba-Huab

Ugab

Okonyenya

Burnt Mountain

Koigab

120

Twyfelfontein ✱

Organ Pipes

Omangambo

Ozondati

Eisenberg
• 1689

Kall

Omatjette

Otuwe

Dinos footpr

Brandberg-West

Ugab

C33

713 •

Main Gate

Durissa Bay

Messum

Goboboseb-berge

Nature reserve
White Lady ✱
2574 •
Brandberg

Uis

115

C36

64

Epako

Okakombo

400

Omaruru

Omaruru

Bocock's Bay

Okombahe

Etemba •

Messum Crater ✱
(726)

102

Paula's Cave ✱

Franke Tower ✱

E r o n g o b e r g

Okanono
Erongo

55

C36

6

Spitzkoppe
1728

• 2332

Phillip's Cave ✱

Ameib •

Etiro

Seal Reserve
Cape Cross ✱

C34

C35

43 •

4

Dorob

53

Autsib

Spitskop

Omaruru

Kranzberg

Karibib

Albrechts

33

B2

Omusem

National

Cape Farilhao

Henties Bay

5

Schakalspütz

Ebony

Stinkbank

Usakos

1989

Otjipatera-berg •

96

Otjimbir

Park

67

Wlotzkasbaken

Trekkopje

B2

Khan

Tsaobis Nature Park

Rock Bay

3

Namib

145

Arandis

Rössing

Welwitschia-vlakte

Witwaters-berge
1861

Bosua Pass

Swakopmund

Goanikontes

Welwitschia Plains

• 344

Swakop

Gawib

Grootberg
1846

Diepkuil

Khan

1

Walvis Bay

35

Rand Rifles

Moon Landscape

Tumos

C28

155

Pelican Point ✱

Rooikap

Walvis Bay

Ruimte

527 •

Vogelfederberg

161

Gross Ubib

C14

Kuiseb Pass

82
Gam

C26

• Rooibank

Sandwich Bay

2

Sandwich Harbour

Ilhea Point

N a m i b -

Berghof

2

Gaub

N a u k l u f t

Gobabed •

Kuiseb Canyon

Gaub Pass

Spreetsh Pass

73

Ubib

Black Cliff

Conception Bay

D
e
s
e
r
t

N a t i o n a l   P a r k

Kuiseb

Hudaob

Tinkie

• 214

R
a
n
t
b
e
r
g

Solitaire

Remh

Noab

Dien

Maßstab 1:1.500.000

0 ——— 40 km

Kleine Fluchten

Die Lage von Swakopmund, Walvis Bay und Henties Bay an den Gestaden des Atlantik macht die Küstenregion im Südsommer zwischen Oktober und März zu einem begehrten Ziel für viele Einheimische. Aber auch Touristen schätzen die Fluchtpunkte an der Küste zum Verschnaufen, ehe es wieder in die heißen Wüstenregionen des Landes geht.

❶ Walvis Bay

Walvis Bay liegt etwa 30 Kilometer südlich von Swakopmund, ist der bedeutendste Seehafen Namibias und die drittgrößte Stadt des Landes (62 000 Einwohner).

SEHENSWERT

Die im Jahr 1870 in Hamburg als Fertigbau errichtete, in Einzelteilen nach Walvis Bay verschiffte und zunächst 1880 am Hafen aufgestellte **Rheinische Missionskirche** steht seit 1960, als der Hafen vergrößert wurde, an der Ecke 5th Street und Hage Gaingob Street und

Tipp

Bootstrip

Der ideale Kontrast zur Trockenheit in der Wüste ist ein Ausflug mit dem Boot zu Delfinen, Pelikanen und Walen. Der Bootstrip in die Lagune von Walvis Bay sowie auf den Atlantik dauert etwa dreieinhalb Stunden und führt zu Großen Tümmlern, Robben, Mondfischen und Schildkröten – zwischen Juli und November mit etwas Glück sogar zu Südlichen Glattwalen. Auf der Rückfahrt nach Walvis Bay servieren die Gastgeber an Bord frische Austern mit Zitrone und Tabasco sowie Champagner.

INFORMATION
Mola Mola Tours, Tel. 064 20 55 11,
www.mola-namibia.com

gilt als Nationales Denkmal. Sehenswert ist auch die alte **Lokomotive „Hope"** am Bahnhof in der 5th Street. Ein lohnenswertes Ziel in der Nähe ist die **Lagune** südlich der Stadt. Sie bietet bis zu 160 000 Vögeln Schutz, darunter dem seltenen Rotband-Regenpfeifer, Seeschwalben und Flamingos. Von Walvis Bay starten auch Touren zu Robben und Delfinen sowie zu der Guano-Plattform Bird Island.

AKTIVITÄTEN

Mit dem **Snowboard** die Dünen hinunterrasen ist das ultimative Abenteuer zwischen Walvis Bay und Swakopmund. Bis zu 80 Stundenkilometer erreichen Wagemutige auf den Boards (www.charlysdeserttours.com). Nervenkitzel pur verspricht auch eine Fahrt mit dem **Quad-Bike** – dem meist mit dicken Ballonreifen ausgestatteten Geländefahrzeug – durch die Dünen zwischen Walvis Bay und Swakopmund (www.namibiadesertexplorers.com). Eine der beliebtesten Freizeitbeschäftigungen aber kommt ganz ohne größere Adrenalinschübe aus: das **Angeln**. Abgesehen natürlich von der Freude über den stolzen Fang – Catfish (Kabeljau) zum Beispiel, Steenbras (Weißfisch), Galjoen (Schwarzfisch) oder eine der verschiedenen Haiarten (www.sunrisetours.com.na).

❷ Sandwich Harbour

42 Kilometer südlich von Walvis Bay liegt Sandwich Harbour. Die Lagune ist zehn Kilometer lang und als bedeutendes Feuchtgebiet die Heimat einer riesigen Vogelkolonie mit bis zu 450 000 Tieren, darunter Flamingos, Seeschwalben, Kormorane, Pelikane und viele andere seltene Wasservogelarten. Sie kann nur tagsüber mit dem Boot oder Allradfahrzeug über eine tiefe Sandpiste erreicht werden, da sie zum Namib Naukluft Park gehört.

INFORMATION
Walvis Bay Municipality, Tel. 064 2 01 33 17,
www.walvisbaycc.org.na

❸ Swakopmund

TOPZIEL Die Stadt hat heute rund 44 000 Einwohner und liegt an der Mündung des Swakop-Flusses in den Atlantik. Das milde Küstenklima

Wahrzeichen der Stadt: Der 21 Meter hohe Leuchtturm von Swakopmund hat eine Reichweite von 35 Seemeilen und ist trotz der Versandung des Hafens immer noch in Betrieb.

macht Swakopmund vor allem im Südsommer (Oktober–März) zu einem beliebten Ausflugsziel. Wegen des arktischen Benguela-Stroms ist sie in den Morgenstunden oft nebelverhangen. Das macht aber kaum etwas, denn das Meer ist ohnehin nicht zum Baden geeignet: Die Temperaturen des Atlantiks bewegen sich meist zwischen zwölf und 16 Grad.

SEHENSWERT/MUSEUM

Ein Stadtrundgang beginnt am besten in der Sam-Nujoma-Avenue am **Woermann-Haus**. Von dort ist man in wenigen Minuten am **Hohenzollernhaus** von 1906, dessen Fassade gern als „neobarock" beschrieben wird. (Neo stimmt bestimmt.) Weiter geht es über das **Alte Amtsgericht** von 1908 an der Kreuzung zwischen Garnison- und Bahnhofstraße zum bereits sieben Jahre früher errichteten **Bahnhof**, der zum Luxushotel umgebaut wurde. Sehenswert ist auch die 1911 erbaute evangelisch-lutherische **Kirche**. Spaziert man von dort in Richtung Meer, gelangt man zu dem schmucken **Leuchtturm** der Stadt. Nur einen Steinwurf ist es von dort zum Pier. Der „Jetty", wie die Swakopmunder ihn gerne nennen, wurde 1911 gebaut und beherbergt heute ein Fischrestaurant. Gleich nebenan trifft man auf den 2015 eröffneten Komplex des Strand-Hotels. Das **Swakopmund Museum** zeigt Exponate zur Archäologie, Mineralogie, Botanik, Ur- und Frühgeschichte sowie zur deutschen Kolonial-

In Swakopmund:
Portier vor dem Hansa Hotel (links); im Café
Anton (ganz links); Sonnenuntergang über
der Landungsbrücke (unten).

zeit (Tel. 064 40 20 46). Einen Besuch wert ist auch die **Kristallgalerie** an der Ecke Tobias Hainyeko/Theo-Ben Gururab Street (Tel. 064 40 60 80, www.namibiangemstones.com). Dort sind Mineralien aus allen Landesteilen ausgestellt. Das **National Marine Aquarium** direkt an der Strandpromenade zeigt die großartige Fischwelt des Benguela-Stroms, darunter viele Haie, die täglich um 15.00 Uhr gefüttert werden.

RESTAURANTS

€ **Café Anton** Ein skurriler Treffpunkt ist das Café Anton im Hotel Schweizerhaus in der Bismarckstraße. Hier werden in typisch deutscher Atmosphäre Schwarzwälder Kirschtorte, Bienenstich und Apfelkuchen serviert (Tel. 064 40 03 31, www.schweizerhaus.net).

€€ **Swakopmund Brauhaus** „Hopfen und Malz, Gott erhalt's" lautet der richtungsweisende Spruch an der Wand des direkt im Stadtzentrum gelegenen Brauhauses. Daran hält man sich auch: Es gibt selbstgebrautes und importiertes Bier – sogar Erdinger Weißbier (Tel. 064 40 22 14, www.swakopmundbrauhaus.com).

€€ **Kücki's Pub** Ab acht Euro gibt es hier vorzügliche Wildgerichte und gute südafrikanische Weine. Der Abend endet meist einen Stock höher an der Bar bei deutschen Schlagern und einem kühlen Windhoek Lager (Tel. 064 40 24 07, www.kuckispub.com).

€€ **The Tug** Exzellente Fischgerichte und tolle Aussicht über den Pier von Swakopmund im ausgedienten Schlepper, der zu einem feinen Restaurant umgebaut wurde (Tel. 064 40 23 56, www.the-tug.com).

€€€ **The Lighthouse Pub and Restaurant** Hervorragende Küche direkt unter dem Leuchtturm. Das Restaurant ist eines der angesagtesten in der Stadt und fast immer voll. Reservierung unbedingt erforderlich! Die Köche bezaubern mit namibischen und internationalen Gerichten (Tel. 064 40 08 94).

UNTERKÜNFTE

€ **The Stiltz B&B** Von den auf bis zu fünf Meter hohen Stelzen stehenden Bungalows bietet sich ein fantastischer Ausblick über die Stadt, die Dünen und das Delta des Swakop-Flusses (Tel. 064 40 07 71, www.thestiltz.in.com).

€ **Swakopmund Guesthouse** Beschauliche Ruhe – das ist das Motto für Gäste des Swakopmund Guesthouse. Sie können hier gemütlich in einem der hängenden Korbstühle vor dem Haus schaukeln. Die Zimmer sind zwar relativ klein, aber alle sehr sauber und überaus gemütlich (Tel. 064 46 20 08, www.swakopmundguesthouse.com).

€€ **Hotel Eberwein** 16 im viktorianischen Stil eingerichtete Zimmer bietet dieses zentral gelegene Hotel – und für Hochzeitspaare eine Honeymoon-Suite (Tel. 064 41 44 50, www.hotel-eberwein.com).

€€€ **Hansa-Hotel** Ein zeitloser Klassiker: Das Haus wurde 1905 gebaut, von hier sind es nur ein paar Schritte zu allen Sehenswürdigkeiten (Tel. 064 41 42 00, www.hansahotel.com.na).

€€€ **Swakopmund Hotel** Zu den stilvollsten Unterkünften der Stadt gehört dieses luxuriöse Hotel mit Kino und Spielkasino. Von den meisten Zimmern blickt man auf den Garten und das Schwimmbad. Exzellente Küche und hervorragende Weine (Tel. 064 4 10 52 00, www.swakopmundhotel.co.za).

€€ **The Delight** Die 44 Zweibett- und zehn Familienzimmer des brandneuen Design-Hotels im Zentrum Swakopmunds sind individuell eingerichtet und teilweise knallbunt. Dafür verantwortlich ist der junge Architekt Sven-Erik Staby. Alle Zimmer wurden mit Klimaanlage, En-Suite-Badezimmer und kostenlosem Wlan ausgestattet (Gondwana Collection, Tel. 061 42 70 00, www.gondwana-collection.com).

€€€ **Strand Hotel** Erst im Herbst 2015 eröffnet, gilt das Strand Hotel mit seinen 125 Zimmern (ein Großteil davon mit Meerblick) als Hotel der Referenzklasse in Swakopmund. Das Vier-Sterne-Haus an der historischen Mole ist von drei Seiten vom Atlantik umgeben und verfügt über einen riesigen Spa-Bereich, Fitness-Center, Therapie-Räume, Sauna, Relaxing-

Tipp

Naturwunder

....

Welwitschia – der Methusalem unter den Pflanzen der Namib – besteht in der Regel nur aus zwei Blättern. Diese können mehr als zweieinhalb Meter lang werden. Das Wurzelwerk breitet sich unterirdisch über bis zu 15 Meter aus. Die in Namibia und im südlichen Angola endemische Pflanze kann ein Alter von bis zu 2000 Jahren erreichen. Der österreichische Arzt und Botaniker Friedrich Welwitsch entdeckte das erste Exemplar im Jahr 1859 in der Nähe von Cabo Negro in Angola. Ein guter Ort, um diese Pflanzen zu bestaunen, ist der **Welwitschia-Trail** östlich von Swakopmund. Die Route ist ausgeschildert und beschreibt an vielen Stationen die Flora, Fauna und Geologie der Namib.

Lounge, mehrere Konferenzräume, drei Restaurants, zwei Bars und eine eigene Brauerei (Strand Hotel, Tel. 064 4 11 43 08, www.strand hotelswakopmund.com

④ Dorob-Nationalpark

Das Schutzgebiet erstreckt sich zwischen dem Namib Naukluft Park im Süden und dem Skelettküsten-Nationalpark im Norden über mehr als 200 Kilometer entlang der Küste Namibias. Es ist ein Dorado für zahlreiche seltene Pflanzen, Tiere und vor allem Vögel. Hunderte von Flechtenarten sind in der Gegend registriert worden, die nur aufgrund des Nebels von der Küste in der Wüste überleben können.

⑤ Henties Bay

Der Ort entstand in den 1950er-Jahren aus einer Ansammlung von Bretterbuden am südlichen Ende der Mündung des Omaruru-Trockenflusses und liegt 70 Kilometer nördlich von Swakopmund. Heute ist Henties Bay ein vor allem bei Anglern beliebter Wohn- und Ferienort; an Weihnachten und Neujahr kann sich die Einwohnerzahl schon mal verzehnfachen.

UNTERKUNFT
€€ Desert Rendezvous Bed & Breakfast
Das sechs Zimmer umfassende Guesthouse liegt 200 m vom Strand. Gute Küche und schöner Innenhof (Tel. 064 50 02 81).

⑥ Spitzkoppe

Die Spitzkoppe erhebt sich 120 Kilometer östlich von Swakopmund und überragt die Umgebung um 800 Meter. Wegen ihrer dreieckigen Form wird sie auch das „Matterhorn Namibias" genannt. Der 1728 Meter hohe Berg mit seinem Doppelgipfel ist eines der beliebtesten Fotomotive des Landes. Wie am Brandberg und in Twyfelfontein gibt es hier Jahrtausende alte Felsmalereien. Die bekannteste Fundstelle heißt „Bushman's Paradise". Die Felsformationen sind auch ein beliebtes Ziel für Kletterer.

UNTERKUNFT
Der Spitzkoppe am nächsten – auf der D 1935 etwa 25 km nördlich von **Usakos** zu Füßen des Hohenstein – gelegen ist die **€€ Hohenstein Lodge**. Mit 2319 m Höhe ist der Hohenstein die höchste Erhebung der Erongo-Berge. Die Betreiber der Lodge sind aktive Mitglieder der sich um den Schutz der seltenen einheimischen Wildarten und der archäologischen Stätten der Erongo-Berge kümmernden Erongo Mountain Nature Conservancy (EMNC). Es gibt 14 geräumige Zimmer mit Dusche/WC und angenehm schattigen Terrassen. Pool, Restaurant (Tel. 064 53 09 00, www.hohensteinlodge.com).

INFORMATION
Municipality of Swakopmund, Tel. 064 4 10 41 11, www.swkmun.com.na

Genießen   Erleben   Erfahren

DuMont Aktiv

Gib mir fünf!

Als Pendant zu den Großen Fünf – Löwe, Leopard, Nashorn, Büffel und Elefant – hat Wüstenkenner Chris Nel die Kleinen Fünf ausgerufen: ein illustrer Reptilienhaufen, zu dem etwa die nur drei Zentimeter große Weiße Dame *(Leucorchestris arenicola)* gehört – diese Spinne ist eine Meisterin der Anpassung wie der Verteidigung. Der winzige Namibgecko *(Pachydactylus rangei,* auch Schwimmfußgecko genannt) gehört ebenso zu den Kleinen Fünf. Nummer drei ist die Sandschwimmereidechse *(Meroles anchietae)*, Nummer vier das Namaqua-Chamäleon *(Chamaeleo namaquensis)*.

Wer die Spuren der Wüste lesen kann, den führen sie zu jedem auch noch so gut getarnten Wüstenbewohner. Am Ende des Tages weisen sie Nel auch den Weg zu einer Zwergpuffotter *(Bitis peringueyi)*, der Nummer fünf auf unserer Exkursion in den Wüstensand. Elegant biegt sie sich zu einem großen „S" und schiebt sich über den bis zu 70 Grad heißen Wüstensand – was auch den englischen Namen des Reptils erklärt, „Sidewinder Snake". Immer nur wenige Zentimeter Körperoberfläche berühren dabei den Boden. Geht die Schlange auf Jagd, gräbt sie sich mit den schaufelnden Bewegungen ihres Rumpfes in den Untergrund ein. Durch die bernsteinfarbenen Schuppen gleicht sie sich ihrer Umgebung fast völlig an.

Weitere Informationen

Die fünfstündige Tour kostet etwa 39 Euro pro Person, Kinder unter zwölf Jahren zahlen die Hälfte. Anmeldung erforderlich.

Living Desert Adventures, Tel. 064 40 50 70, www.livingdesertnamibia.com.

Namibias Wüste ist lebensfeindlich, aber sie lebt. Chris Nel, ein findiger Wüstenfuchs, führt zu den kleinen Tieren der Namib zwischen Swakopmund und Walvis Bay. Und das ist wirklich ganz großes Wüstenkino – wenn auch im Kleinen (oben links: ein Palmato-Gecko).

Diesseits von Afrika

Die Skeleton Coast im Westen Namibias ist rau und unwirtlich, aber auch ein Ort von überbordender Schönheit, mit schier endlosen Sandstränden und Robbenkolonien. Im östlich angrenzenden Kaokoveld konnten sich Herero und Himba ihre archaisch anmutenden Traditionen erhalten.

Trockenfluss bei Orupembe: Ohne Allradfahrzeug und GPS-Navigation kommt man abseits der wenigen Hauptverbindungen im Kaokoveld nicht voran.

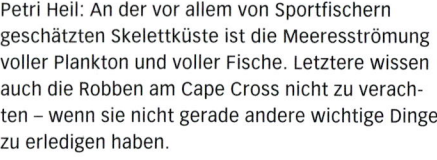

Petri Heil: An der vor allem von Sportfischern geschätzten Skelettküste ist die Meeresströmung voller Plankton und voller Fische. Letztere wissen auch die Robben am Cape Cross nicht zu verachten – wenn sie nicht gerade andere wichtige Dinge zu erledigen haben.

Was vom Tage übrig blieb: in diesem Fall nichts als ein Schiffswrack südlich von Torra Bay im Skeleton Coast National Park

Besser stranden, als in der tosenden Flut untergehen, hieß die Losung.

D ie Katastrophe ereignete sich in der rauen Nacht des 29. November 1942. Es war kurz vor Mitternacht, als die beiden Neunzylindermotoren der Winterthurer Schiffsbaufirma Sulzer die Dunedin Star mit voller Kraft vorwärts ins Unglück trieben. Von der Brücke aus war nichts zu sehen. Es toste ein unerbittlicher Sturm, die Gischt war so stark, dass man durch die Fenster der Kommandobrücke kaum das Deck sehen konnte. Auf einmal machte es einen gewaltigen Ruck, die Passagiere wurden umhergeschleudert, Gegenstände flogen durch die Luft. Einige Sekunden noch fuhr die Dunedin Star weiter, als ob nichts gewesen wäre, doch als das erste Wasser in den Rumpf eindrang, war klar: Hier musste etwas Schlimmes passiert sein.

Das Schiff hatte einen 60 Meter langen Riss im Bug. Kapitän Lee sah sich sofort genötigt, die Dunedin Star auf die nahegelegene Küste zuzusteuern. Besser stranden, als in der tosenden Flut untergehen, hieß die Losung. Minuten später lief die Dunedin Star 500 Meter vom Ufer entfernt auf eine Sandbank auf, die eisigen Wellen brandeten wie tonnenschwere Zementblöcke gegen ihren Rumpf. Experten bestimmten später die Position der Havarie: 18,13 Grad Süd,

11,55 Grad Ost, ungefähr 80 Kilometer südlich der Kunene-Mündung, Skelettküste, Namibia, Afrika.

Schiff in Not

Das Schicksal der Dunedin Star berührt die Menschen bis heute. Mehr als 70 Jahre nach dem Unglück ist immer noch nicht ganz geklärt, was der Dunedin Star den Rumpf aufriss; dort, wo laut Seekarte eigentlich nichts sein sollte außer Wasser. Auch was weiter geschah, war alles andere als gewöhnlich: Als der Frachter auf Grund lief, beschloss der Kapitän zunächst, die 21 Passagiere zu evakuieren. Sämtliche Fahrgäste und die Hälfte der 85 Besatzungsmitglieder gelangten mit dem Beiboot unversehrt an Land. Bis das winzige Rettungsboot in den mächtigen Atlantikwellen ebenfalls havarierte. 43 Crew-Mitglieder waren zu diesem Zeitpunkt noch an Bord der Dunedin Star. Lee sendete darauf einen Notruf nach Walvis Bay. Trotz des Einsatzes von Rettungsflugzeugen und -schiffen dauerte es mehr als zwei Tage, bis Hilfe eintraf. Bei der Bergung der übrigen Mannschaft wurde der Havarieschlepper Sir Charles Elliott selbst zum Wrack, ein Zwölf-Tonnen-Flieger der Luftwaffe stürzte bei der Hilfsaktion ab, zwei Matrosen ertranken

Oryxantilopen gelten als Überlebenskünstler in der Wüste. Mit ihren großen Hörnern können
sie sich sogar gegen angreifende Löwen verteidigen.

Himba-Siedlung im Hartmannstal, an der
Grenze zu Angola gelegen

Nur bei Hochwasser bieten die über 120 Meter tief in eine 700 Meter breite Schlucht stürzenden Ruacanafälle ein so beeindruckendes Schauspiel.

Camping in Namibia

Special

Freiheit und Abenteuer

. . . .

Ein Allradfahrzeug mit einem Zelt auf dem Dach ist die beste Möglichkeit, Afrika hautnah zu erleben. Und kaum ein Land eignet sich so gut für Camping wie Namibia.
Ein lauschiges Plätzchen unter freiem Himmel, ein Zelt, ein Lagerfeuer. Dazu ein kühles Windhoek-Lager in der Hand und ein Springbock-Steak auf dem Grill. Kennen Sie dieses Gefühl? Es ist das typische Namibia-Gefühl. Das Gefühl von grenzenloser Freiheit und Abenteuer.

Unterwegs im nördlichen Kaokoveld.

Am besten lernt man das Land mit dem Camper kennen. Und das Schöne daran ist auch: Wer mit dem Camper reist, der benötigt dafür gar nicht so viel Geld. Zwar ist Namibia kein Billigreiseland, doch das Safari-Erlebnis im Camper ist immer noch verhältnismäßig günstig. Einen vierradgetriebenen Wagen mit Zelt auf dem Dach, Campingausrüstung und Kühlschrank gibt es bereits ab 120 Euro pro Tag – und da ist für bis zu vier Personen die

Übernachtung quasi schon inbegriffen. Tipp: Wer sich für eine Selbstfahrertour entschließt, der sollte sein Auto am besten schon von Deutschland aus buchen. Das ist wegen des einfachen Preisvergleichs im Internet meist nicht nur günstiger, auch die Auswahl ist größer. Zu den zuverlässigsten und zugleich preiswertesten Autovermietungen zählen Kea Campers (www.keacampers.com) und Asco Car Hire (www.ascocarhire.com).

in den Fluten. Die an Bord der Dunedin Star verbliebenen Crew-Mitglieder wurden schließlich von Freiwilligen des norwegischen Schiffs Téméraire gerettet, das aus Walvis Bay zur Hilfe geeilt war. Um die Gestrandeten zu bergen, brauchte man zwei Polizeikonvois. Die Schiffbrüchigen erreichten Windhoek erst an Weihnachten 1942 – 26 Tage, nachdem ihr Schiff auf Grund gelaufen war.

Unwirtlich, aber schön

Die Skelettküste ist eine Gegend von brutaler Unwirtlichkeit und überbordender Schönheit. Sie erstreckt sich zwischen der Mündung des Oranje-Flusses an der Grenze zu Südafrika annähernd 1600 Kilometer weit bis an die Grenze zu Angola. Doch nur ein ganz kleiner Teil trägt diesen Namen offiziell: ein rund 30 Kilometer breiter und fast 500 Kilometer langer Küstenstreifen mit nicht viel mehr als Fels und Sand. Schon das Einfahrtstor zum Nationalpark an der Mündung des Ugab-Trockenflusses schmücken zwei riesige Totenköpfe – und die sind auch durchaus als Programm zu verstehen.

Die Skelettküste ist ein Ort, der Menschen seit jeher das Fürchten lehrt. Mehr als hundert Schiffe sind bereits in den wilden Fluten des Benguela-Stroms gestrandet. Halb begraben ragen ihre Skelette noch heute aus dem Wüstensand.

Über die Herkunft der Künstler, die die in entlegenen Höhlen des Brandbergs gefundenen Felszeichnungen schufen, wurde viel spekuliert (oben links/rechts, unten links): Vermutlich handelte es sich bei ihnen um Vorfahren der San – oder „Buschmänner", wie die nomadisierenden Jäger in Namibia noch immer genannt werden. Dargestellt ist vor allem Jagdwild, das damals noch viel artenreicher gewesen sein muss als heute. Auch in Twyfelfontein (unten rechts) kann man bei der Suche nach prähistorischen Felsgravuren fündig werden – Guides weisen einem auch hier gern den richtigen Weg.

Das Salz zerfrisst ihre rostigen Rümpfe. Dazwischen bleichen Wal- und Robbenknochen in der Sonne. Vor den Stürmen und Unwettern, vor den unberechenbaren Strömungen, den tückischen Felsen, den dichten Nebelbänken und den zahllosen Untiefen war keiner der havarierten Seefahrer gefeit: versunken, verschollen, vergessen. Wer sich trotz der Havarie an Land retten konnte, starb spätestens in der Wüste den Hitzetod.

Ihren Namen verdankt die Skelettküste aber nicht einem Schiffs-, sondern einem Flugzeugunglück: Als der Schweizer Pilot Carl Nauer 1933 bei einem Flug von Kapstadt nach London mit seinem Flieger an der Küste verschwand, kam der britische Journalist Sam Davis auf die Idee, diese Küste so zu bezeichnen.

Letzter Außenposten der Zivilisation

Bis heute gibt es an der Skelettküste keine Städte. Zu unwirtlich ist hier die Natur. Der letzte Außenposten der Zivilisation ist Henties Bay nördlich von Swakopmund. Von dort geht es in Richtung Skeleton Coast National Park immer über salzige Pisten an der Küste entlang. Torra Bay und Terrace Bay im Park sind zwar in den meisten Namibiakarten verzeichnet. Die Häuser der winzigen Ansiedlungen an der Atlantikküste bleiben aber die meiste Zeit des Jahres verwaist. Nur in wenigen Wochen füllen sie sich mit Sportfischern aus Namibia und Südafrika, die hierher kommen, um in den nährstoffreichen Wassern des Benguela-Stroms ihre Angeln auszuwerfen.

Eine einzigartige Landschaft

Dort, wo sich das südwestafrikanische Hochplateau zum Atlantik absenkt, formten Sonne, Wind und Wasser eine einzigartige Landschaft. Vor Jahrmillionen frästen die Flüsse Huab, Ugab, Uniab, Hoanib, Hoarusib und Khumib tiefe Täler in die Landschaft. Der Regen schwemmte die weiche Erde in Richtung Atlantik, die schroffen Tafelberge blieben stehen. Längst ist das Wasser in den Flussbetten versickert. Doch bis heute sichern die

Nordwestlich von Twyvelfontein: unterwegs mit einem treuen Begleiter.

Spitzmaulnashörner – hier in der Nähe des Desert Rhino Camps bei Palmwag – werden bis zu 1400 Kilogramm schwer.

Im Desert Rhino Camp: Elefanten und Nashörner zählen zu den „Wüstengroßtieren", um deren Sicherheit und Erhalt sich auch Stammesmitglieder der Himba (im Kaokoveld) und der Damara (in der Kuene-Region) kümmern.

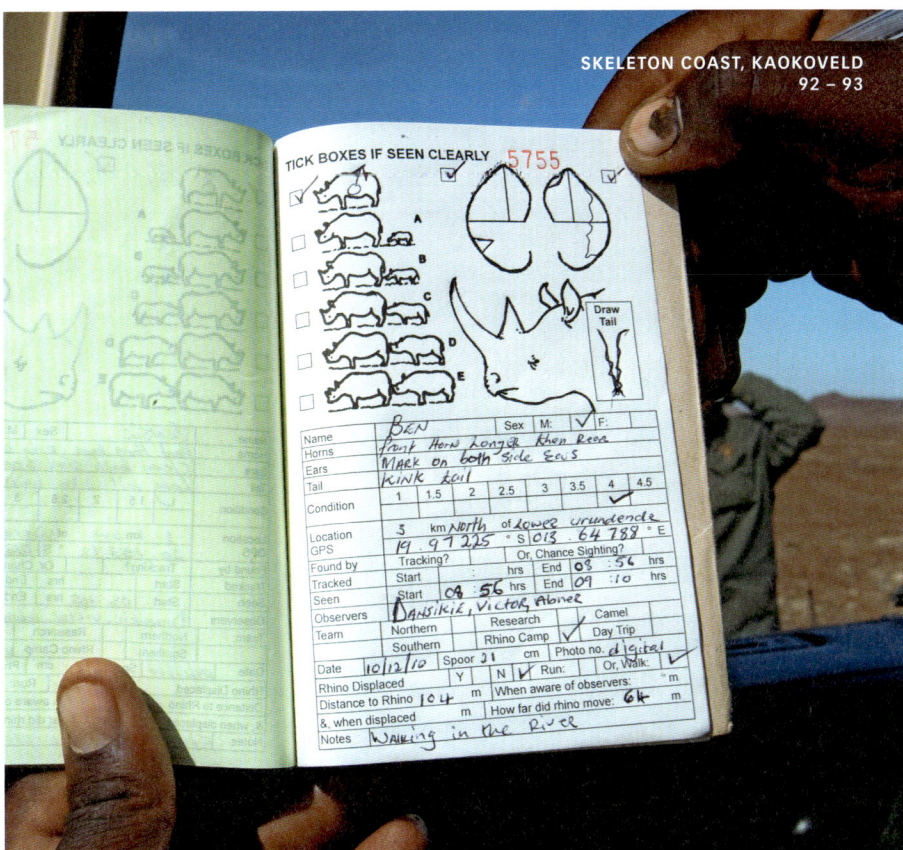

Gestatten, sein Name ist Ben: Die Wilderness-Safaris zu den Spitzmaulnashörnern bei Palmwag begleiten penible Aufzeichnungen machende Naturschützer.

temporären Flussläufe mit ihren oft auch über die Regenzeit hinaus gefüllten Wasserreservoirs das Überleben Dutzender Tierarten. In den mit Akazien bestandenen Flusstälern kommen Oryx-Antilopen, Springböcke, Kudus, Zebras und Giraffen zum Trinken, Wüstenlöwen machen Beute, die seltenen Spitzmaulnashörner äsen hier. Am bekanntesten aber sind wohl die hier lebenden Wüstenelefanten. Sie gehören zu den letzten Elefanten weltweit, die nicht in Nationalparks, sondern auf kommunalem Land leben.

Auf den Spuren der Wüstenelefanten
Viele Details über ihr ungewöhnliches Leben in der Wüste sind erst durch das Tierfilmer-Ehepaar Des und Jen Bartlett bekannt geworden, das die Wüstenelefanten in fast zehnjähriger Arbeit im Skeleton Coast National Park erforscht und filmisch dokumentiert hat. Die Elefanten des Hoanib und Hoarusib unterscheiden sich zwar genetisch nicht von ihren Verwandten im benachbarten Etosha-Nationalpark oder in anderen Teilen des südlichen Afrika. Aber ihre Körper sind kleiner, ihre Füße breiter; auch durch ihr Verhalten unterscheiden sie sich wesentlich von ihren Artgenossen: Am Tag legen sie bis zu 70 Kilometer auf der Su-

che nach Wasser und Nahrung zurück, bis zu vier Tage können sie ohne Wasser auskommen. Dabei benötigen Elefanten üblicherweise bis zu 160 Liter Wasser am Tag. Keine Dürre, keine noch so lange Trockenheit scheint den genügsamen Dickhäutern etwas anhaben zu können. Nur der Mensch bedroht ihre Existenz.

Das größte Schutzgebiet in Afrika
Noch vor 80 Jahren lebten mehr als 3000 Elefanten in den Flusstälern Nordnamibias und des Kaokovelds. Durch Wilderei und den Bau von Zäunen sank ihre Zahl zwischenzeitlich fast auf null. Dank der erfolgreichen Eindämmung der Wilderei gibt es in der Region mittlerweile wieder etwa 600 Tiere. Außerdem plant die namibische Regierung, einen Korridor zwischen dem wildreichen Etosha-Nationalpark und der Küste einzurichten, durch den Elefanten und andere Tierarten passieren sollen. Um diese einzigartige Natur der Skelettküste und des

benachbarten Kaokovelds zu schützen, wurde der Skeleton Coast National Park mit dem Namib Naukluft Park, dem Tsau-‖Khaeb-(Sperrgebiet)-Nationalpark, dem Dorob-Nationalpark, der ehemaligen West Coast Tourist Recreation Area und dem Meeresschutzgebiet Meob-Chamais zum 107 540 Quadratkilometer großen Namib-Skelettküste-Nationalpark zusammengefasst. Gemeinsam bilden diese Parks das größte Schutzgebiet in Namibia und das achtgrößte der Erde. Damit ist Namibia auch das einzige Land der Erde, das seine komplette Küstenlinie als Nationalpark unter Schutz gestellt hat –

Nur der Mensch bedroht die Existenz der Dickhäuter.

und die reicht immerhin fast 1600 Kilometer lang vom Kunene-Fluss im Norden bis zum Oranje-Fluss im Süden.

In naher Zukunft soll der Namib-Skelettküste-Nationalpark auch noch mit dem geplanten Kunene-Volkspark und dem Etosha-Nationalpark zusammengelegt werden, um diese einzigartige Natur noch mehr zu schützen.

HIMBA

Die letzten ihres Volkes

*Die Himba sind die letzten Nomaden Namibias. Seit Hunderten
von Jahren leben sie als Viehzüchter und Hirten im Norden des Landes
nach ihren alten Traditionen. Doch durch die vorrückende Zivilisation
gerät ihr Lebensraum zunehmend in Gefahr.*

Die traditionell mit ihren Viehherden nomadisierenden
Himba (hier bei Kamanjab im Nordwesten des Landes)
errichten temporäre Siedlungen, deren bienenkorbförmige
Hütten aus Rohrgeflecht aufgebaut sowie mit Lehm und
Dung verputzt werden.

D er Dorfälteste der kleinen Ansammlung von Hütten zieht
an seiner Pfeife, als atme er
frische Bergluft ein. In dichten Rauchschwaden steigt der Tabakdunst zum
Himmel. Der Alte ist ein Mann von
niedriger Statur, nur bekleidet mit einem Lendenschurz aus Ziegenleder.
„Früher war alles anders", sagt er.
„Wir müssen erst lernen, uns auf die
neue Welt einzustellen." Dann nimmt
er seine Pfeife und verschwindet wieder so leise, wie er gekommen ist.

Eine bedrohte Kultur

Wir sind hier, um der gefährdeten
Kultur der Himba nachzuspüren. Fast
drei Tage lang fuhren wir durch versteinerte Wüstenlandschaften. Wir
durchquerten trockene Flussbetten
und unwegsam scheinende Pässe, bis
wir zwischen Akazienbäumen am
Trockenfluss Hoarusib standen. Purros heißt dieser letzte Außenposten
der Zivilisation, der hinterste Zipfel
Namibias, bevor der Grenzfluss Kunene die Region in zwei teilt: in eine
arme in Namibia und eine noch ärmere in Angola. Purros ist ein verlassener Ort. Straßen aus gepresstem

Staub, Hütten aus gepresstem Staub,
Felder aus Staub. Der Volksstamm der
Rinder züchtenden Himba wanderte
vermutlich im 16. Jahrhundert mit anderen Gruppen des Herero-Volkes von
Nordosten kommend nach Namibia
ein. Auf etwa 8200 wird heute die Zahl
derer geschätzt, die in traditioneller
Weise ihr angestammtes Lebensgebiet
bewohnen. Insgesamt 52 Dorfgemeinschaften pflegen im Norden Namibias
noch ihre alten Rituale. Sie bilden
eine geschlossene Gemeinschaft der
Rinder- und Ziegenhirten, die teilweise wochen- oder sogar monatelang
durch die karge Landschaft Namibias

zieht, um geeignete Weideplätze für
ihre Tiere zu finden.

Katastrophen, Schicksalsschläge

In den vergangenen drei Jahrzehnten
haben die Himba viele Katastrophen
und Schicksalsschläge erlebt. Dürre
und der Krieg zwischen der südafrikanischen Mandatsmacht und den damaligen SWAPO-Rebellen plagten den
Volksstamm in den 1980er-Jahren. Im
Befreiungskrieg schlossen sich viele
Himba als Fährtenleser und Kundschafter der südafrikanischen Armee
an. Fortan kämpften sie gegen eine
SWAPO-Guerilla, die die Unabhängig-

Als Schmuck tragen die
Himba gern Eisen-
und Lederreifen sowie
Muschelschalen.

Junge Himba-Männer im Kaokoveld: Nahezu unberührt von der Zivilsation lebt man hier immer noch fast so wie vor 500 Jahren: ohne Strom, ohne technische Geräte, ohne fließendes Wasser.

keit Namibias forderte und am Ende gegen die südafrikanischen Besatzer siegte. Mit der Unabhängigkeit Namibias im Jahr 1990 kehrte zwar wieder Ruhe im Lande ein. Doch die Himba waren fortan isoliert, weil sie sich auf die Seite Südafrikas gestellt hatten. Bis heute kümmert sich die SWAPO-Regierung in Windhoek kaum um die Belange der Himba, die nun zwar wählen gehen, ihre Kinder zur Schule schicken und ihren Wohlstand durchaus auch in Geld bemessen. Traditionsverlust und Wertewandel brachten aber auch negative Folgen mit sich: Alkoholmissbrauch und AIDS gehören heute zu den größten Problemen der Himba.

Freilichtmuseum mit Himba?

Einige Reiseveranstalter schlossen Verträge mit den Stammesführern und karren nun regelmäßig Busladungen von Touristen in die Dörfer. Auch hier in Purros dauert es nicht lange, bis auf unsere Touristengruppe die nächste folgt: ein Dutzend Män-

ner und Frauen in Khaki, die Digitalkameras im Anschlag wie bei der Safari. Fotografiert werden hier aber nicht Zebras und Antilopen, sondern barbusige Frauen in knappen Lendenschurzen und halbnackte Männer.

Für einige der Himba mag das Geld der Touristen ein Segen sein, der ihnen ein besseres Leben beschert. Aber damit ihre Kultur noch lange Bestand hat, dürfte sie nicht nur im „Freilichtmusem mit Himba" ausgestellt werden, sondern: gelebt.

Die Himbafrauen schützen ihren Körper mit einer rötlichen Paste vor der Sonneneinstrahlung, vor Insekten und Austrocknung.

Respektvoll reisen

Ins Himbagebiet sollte man aus Respekt vor der Kultur nicht auf eigene Faust, sondern nur mit einem einheimischen, nachhaltig arbeitenden Veranstalter reisen, der die Riten und Gebräuche kennt. Empfehlenswerte Touren zu den Himba haben zum Beispiel Bwana Tucke-Tucke (www.bwana.de) und Ondjamba Safaris (www.ondjamba.com.na) im Programm.

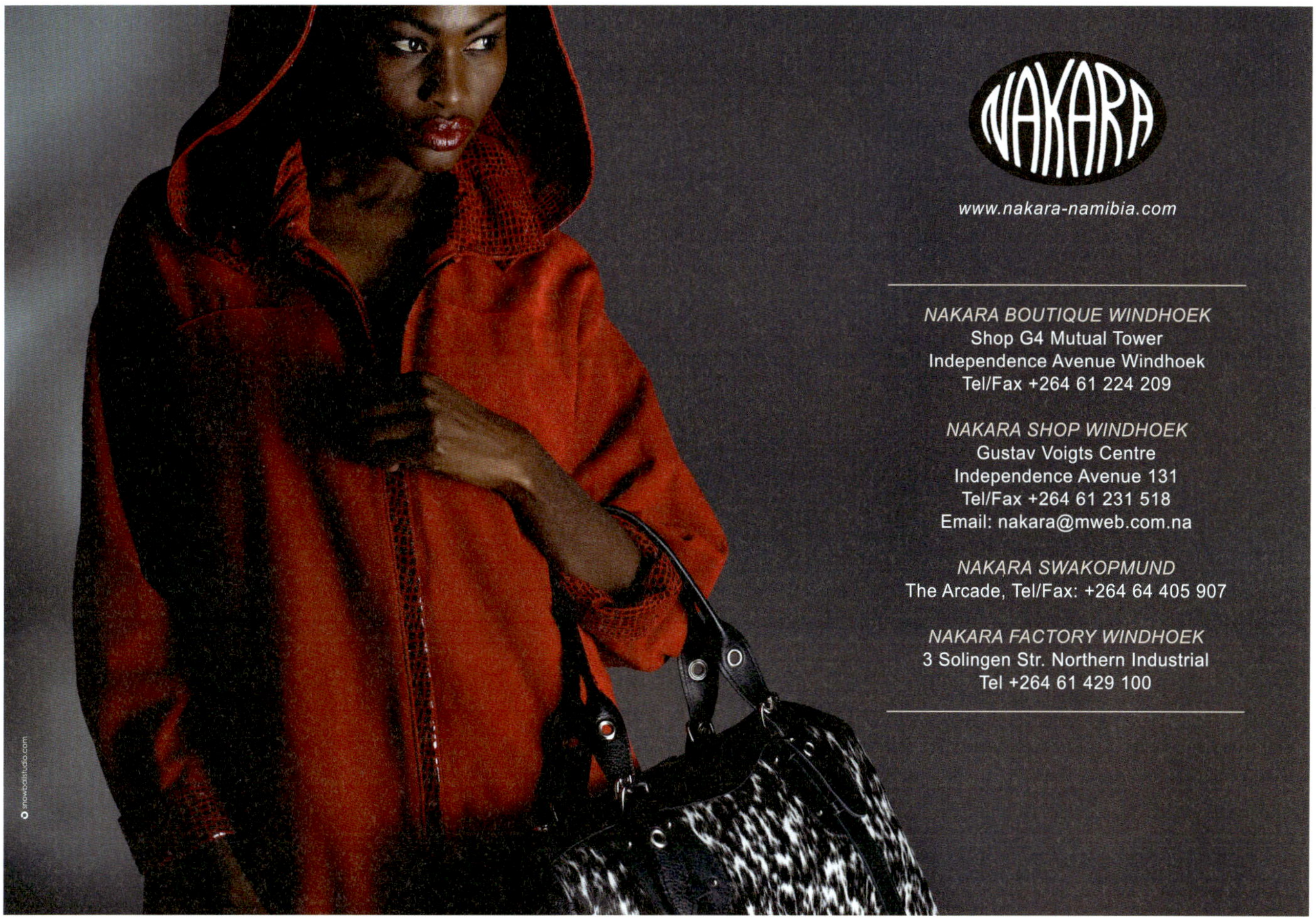
NAKARA
www.nakara-namibia.com
NAKARA BOUTIQUE WINDHOEK
Shop G4 Mutual Tower
Independence Avenue Windhoek
Tel/Fax +264 61 224 209
NAKARA SHOP WINDHOEK
Gustav Voigts Centre
Independence Avenue 131
Tel/Fax +264 61 231 518
Email: nakara@mweb.com.na
NAKARA SWAKOPMUND
The Arcade, Tel/Fax: +264 64 405 907
NAKARA FACTORY WINDHOEK
3 Solingen Str. Northern Industrial
Tel +264 61 429 100

Bock auf
Namibia?
TAKE OFF
ERLEBNISREISEN

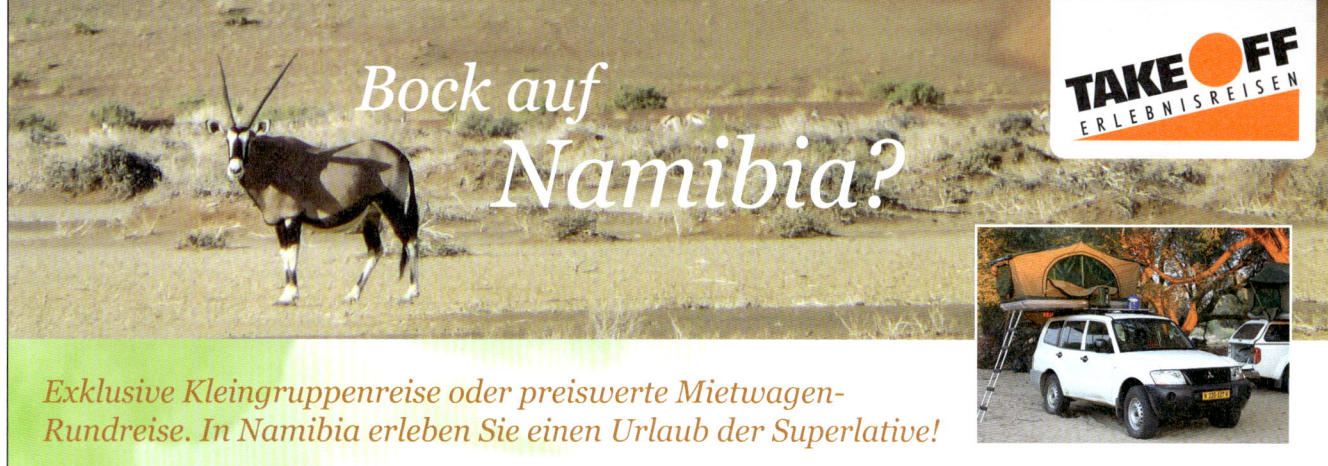

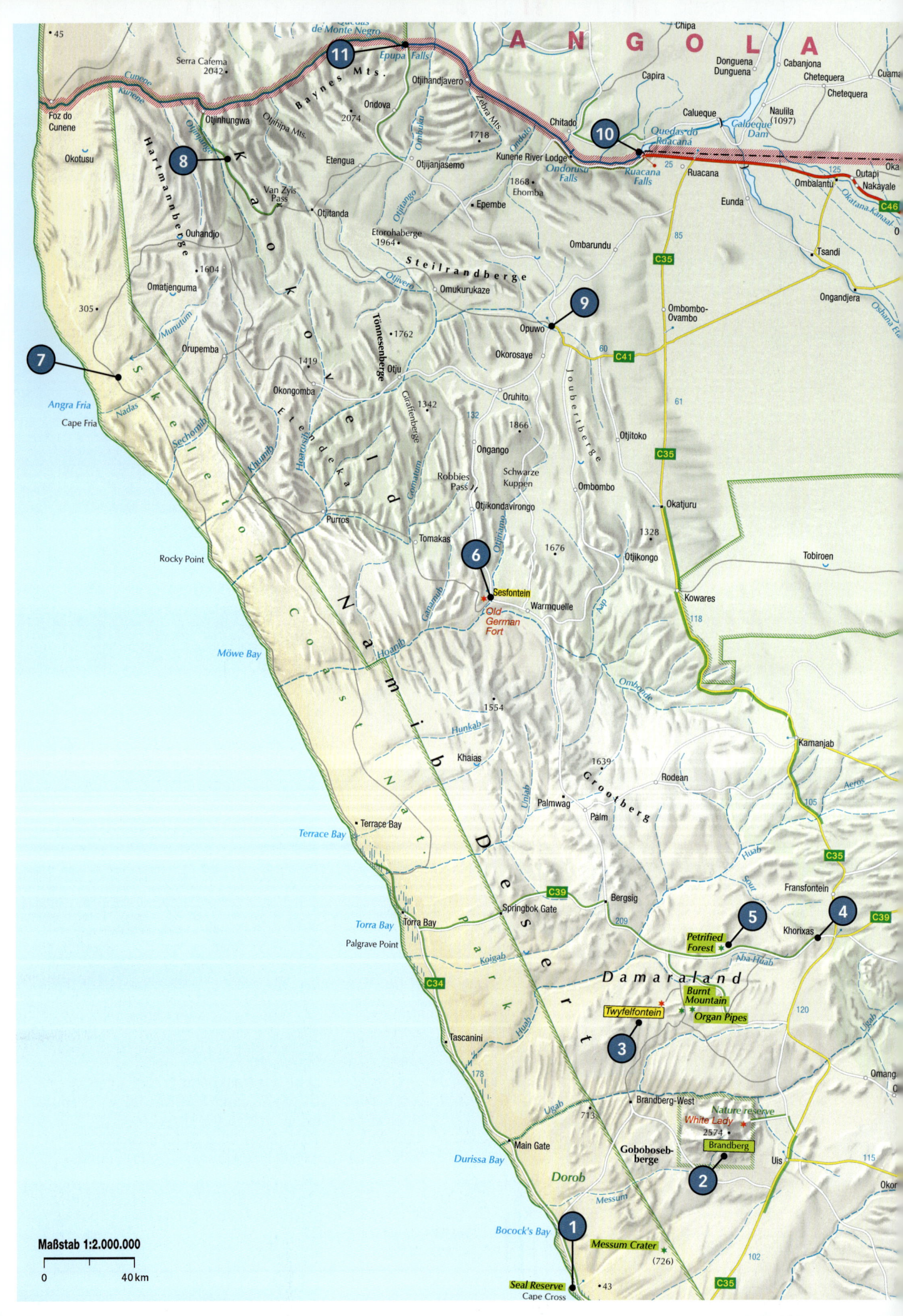

ANGOLA

Maßstab 1:2.000.000

0   40 km

Im Nordwesten

An der namibischen Atlantikküste gibt es kaum Niederschläge. Der Benguela-Strom bringt arktisch kaltes Wasser mit sich, die vom Meer her aufs Festland gelangenden Westwinde werden abgekühlt und können deshalb nur wenig Feuchtigkeit mit sich führen. Nur die landeinwärts ziehenden Nebelbänke spenden den Pflanzen und Tieren etwas von dem kostbaren, lebensnotwendigen Nass.

❶ Cape Cross

Das Naturschutzgebiet liegt an der Küstenstraße C34 etwa 70 Kilometer nördlich von Henties Bay. Im Jahr 1486 betrat der Portugiese Diogo Cão wohl als erster Europäer die Landspitze und errichtete dort ein Steinkreuz. Heute leben im Robbenreservat am Kreuzkap etwa 250 000 südafrikanische Seebären, eine Unterart der Ohrenrobbe. Das macht das Reservat zu einem der größten im südlichen Afrika.

UNTERKUNFT

€€ **Cape Cross Lodge** Die Lodge liegt in gutem Abstand zur Robbenkolonie direkt am Meer, sodass der Geruch nicht herüberweht. Sie bietet einen tollen Blick auf den Atlantik und verfügt über 20 luxuriöse Doppelzimmer (Tel. 064 46 16 77, www.capecross.org).

❷ Brandberg

Wie ein Spiegel der Evolutionsgeschichte birgt der **Brandberg** TOPZIEL Zehntausende prähistorische Felsmalereien – ein unermesslicher Schatz, zu besichtigen in einem auch für Wanderer interessanten Revier.

UNTERKUNFT

€ **Brandberg Restcamp** Eine der wenigen Unterkunftsmöglichkeiten am höchsten Berg Namibias ist das Brandberg Restcamp in Uis mit hübschen kleinen Zimmern und einem eigenen Schwimmbad (Tel. 064 50 40 38, www.brandbergrestcamp.com).

❸ Twyfelfontein

Faszinierende prähistorische Felsgravuren sind (allerdings nur in Begleitung eines Guides) nordwestlich des Brandbergs in **Twyfelfontein** TOPZIEL zu bewundern, das seit dem Jahr 2007 auf der Liste des von der UNESCO geschützten Welterbes steht. Die ältesten von ihnen werden auf das 3. Jh. v. Chr. geschätzt. Besonders sehenswert sind der Löwe mit dem abgeknickten Schwanz, der tanzende Kudu und (fast 100 Kilometer vom Meer entfernt ist das wirklich bemerkenswert) eine Robbe.

Ein herzliches Willkommen an der Skelettküste: Eingang zum Skeleton National Park

❹ Khorixas

Khorixas ist ein kleines Nest und hat selbst keine Attraktionen außer dem **Khorixas Community Craft Center**, in dem verschiedene Künstler ihre Kunstwerke verkaufen. Zwar ist das Städtchen offiziell die Verwaltungshauptstadt des Damaralands, aber kaum jemand bleibt hier länger, als es dauert, um an der Tankstelle Tank und Wasser aufzufüllen.

❺ Petrified Forest

Etwa 40 Kilometer westlich von Khorixas liegt mitten im Buschland dieser versteinerte Wald. Die vielen Dutzend riesigen Baumstämme könnte man für gerade eben erst gefällt halten, doch die teilweise mehr als 30 Meter messenden Baumriesen sind mehr als 250 Millionen Jahre alt. Sie wurden bei einer Überschwemmung hierher gespült und luftdicht im Sediment verschweißt – bis sie wieder zu Tage traten. Durch das Eindringen von Kieselsäure waren die Bäume mittlerweile zu Stein geworden.

UNTERKÜNFTE

€€ **Damara Mopane Lodge** Wunderschöne Lodge im Lehmbaustil unter Mopane-Bäumen. Jedes der 55 Doppelzimmer-Chalets liegt inmitten eines Gemüse- und Kräutergartens, der

von einer niedrigen Mauer umgeben ist. Die Gärten liefern frische Zutaten für die Küche der Lodge (Gondwana Collection, Tel. 061 42 70 00, www.gondwana-collection.com).

€€€ **Mowani Mountain Camp** Eine der am spektakulärsten gelegenen Unterkünfte weit und breit (siehe auch Unsere Favoriten, S. 78/79), im nördlichen Damaraland zwischen riesigen Granitblöcken gebaut: Von den 15 Luxuszelten auf Holzplattformen mit persönlichem Butler-Service und Möbeln im afrikanischen Stil hat man einen fantastischen Ausblick auf das Aba-Huab-Tal (Tel. 061 23 20 09, www.mowani.com).

€€ **Grootberg Lodge** Zwischen Kamanjab und Palmwag auf einem Tafelberg gelegen, wird diese stilvoll eingerichtete Lodge von Einheimischen geführt. Angeboten werden auch Reitsafaris sowie Ausflüge zu den Wüstenelefanten, Wüstennashörnern und zu den Himba (Tel. 067 33 32 12, www.grootberg.com).

€€ **Palmwag Lodge** Die 40-Betten-Lodge mit Grasdachbungalows, Luxuszelten, Campingplatz und einem Restaurant mit guter Küche liegt in wildreicher Umgebung auf halbem Weg zwischen Swakopmund und dem Etosha-Nationalpark – der ideale Ausgangspunkt für Touren ins Kaokoveld und an die Skelettküste. Nachts streifen oft Elefanten durchs Camp. Die Bungalows und der Swimmingpool liegen angenehm schattig unter Palmen (Eden Travel, Tel. 081 6 20 68 87, www.palmwaglodge.com).

Oben: „Und morgen fahren wir zu den Spitz-maulnashörnern …" (im Desert Rhino Camp, Kaokoveld). Rechts: Das Camp Serra Cafema liegt bereits an der Grenze zu Angola.

⑥ Sesfontein

Sesfontein („sechs Quellen") ist eine alte deutsche Polizeistation und der beste Ausgangspunkt, um in die einsamen Flusstäler des Hoanib, Hoarusib und ins Kaokoveld zu gelangen.

SEHENSWERT

Einzige Attraktion der Kreisstadt ist das alte deutsche **Fort Sesfontein** von 1896. Das Gebäude wurde einst als Kontrollpunkt gegen Rinderpest, Wilderei und Waffenschmuggel von der deutschen Schutztruppe errichtet. Nach deren Abzug im Jahr 1915 verfiel das Fort und wurde erst achtzig Jahre später, 1995, wieder aufgebaut. Heute ist das sandsteinfarbene Gebäude ein nationales Denkmal und wird als eine luxuriöse Lodge für Safaris ins Kaokoveld sowie an die Skelettküste genutzt.

UMGEBUNG

Etwa 22 Kilometer südöstlich von Sesfontein liegt eingebettet zwischen Felsen bei der kleinen Ortschaft **Warmquelle** der Ongongo-Wasserfall. Mitten in der Trockenheit des Kaokovelds lädt diese märchenhafte Oase, die sogar einigen Feigenbäumen Leben schenkt, zu einem erfrischenden Bad ein.

UNTERKÜNFTE

€€ Fort Sesfontein Lodge Komfortable Zweibettzimmer und Suiten mit Bad und WC. Der Innenhof der Anlage ist mit Palmen bewachsen und hat einen schönen Pool. Lodge, Bar und Restaurant sind in der ehemaligen Offiziersmesse des Forts untergebracht (Tel. 065 68 50 34, www.fort-sesfontein.com).
€ Ugab River Campsite Etwa 120 Kilometer nördlich von Swakopmund an der C34 kurz vor dem Eingang zum Skeleton Coast National Park gelegen, ist der Ugab River Campsite die ideale Unterkunft für alle, die diesen Nationalpark besuchen wollen.

⑦ Skeleton Coast National Park

Der **Skeleton Coast National Park** TOPZIEL ist Teil des übergeordneten Namib-Skelettküsten-Nationalparks, kann aber nach wie vor (mit eigenem Permit und über eigene Eingangstore) besichtigt werden. Er beginnt an der Mündung des Ugab-Trockenflusses in den Atlantik, ist an seiner breitesten Stelle nur 30 Kilometer breit und das ganze Jahr über geöffnet. Im Park gibt es zwei staatliche Camps: in Terrace Bay und Torra Bay. Der Nordteil des Parks ist Konzessionsgebiet und wenigen Veranstaltern von Fly-in-Safaris vorbehalten. Für Angler sind bestimmte Bereiche reserviert: etwa 30 Kilometer des Ufers bei Torra Bay und 24 Kilometer bei Terrace Bay. Die Ausfahrt aus dem Park durch das Hoarusib-Flussbett nördlich von Möwe Bay ist nur Veranstaltern und deren Gästen gestattet. Für den Individualverkehr endet die Straße in Möwe Bay. Mit dem eigenen Wagen fahren darf man bis Terrace Bay.

UNTERKUNFT

€€ Terrace Bay Resort 20 einfache Zimmer und zwei Strand-Chalets in Terrace Bay. Die Gegend um das Camp ist ein Anglerparadies (Namibia Wildlife Resorts, Tel. 061 2 85 72 00, www.nwr.com.na).

⑧ Kaokoveld

Das Kaokoveld grenzt im Westen an den Skelettküstenpark, im Norden an Angola, im Osten an das ehemalige Ovamboland und im Süden an das Damaraland. Der Wildbestand im Stammland der Himba hat sich nach schwierigen Jahren wieder erholt. Die Region ist schlecht erschlossen, sodass man sich nur mit Allradfahrzeug und GPS auf die Piste begeben sollte.

⑨ Opuwo

Die 8000-Einwohner-Stadt nördlich der Joubert-Berge ist Hauptstadt der Region Kunene und das wirtschaftliche Zentrum des Kaokovelds. Von Opuwo selbst sollte man sich nicht allzu viel erwarten. Interessant ist die Stadt vor allem als Ausgangspunkt für Touren in die wunderschöne Umgebung des Kaokovelds und zu den Epupa- und Ruacanafällen.

UNTERKÜNFTE

€ Ohakane Lodge Einfache, sehr saubere Lodge mitten in Opuwo. Alle Zimmer verfügen über ein eigenes Bad und Aircondition. Es werden auch Ausflüge zu den Himba angeboten (Tel. 065 27 30 25, www.natron.net/tour/ohakane/lodge.html).
€€€ Okahirongo Elephant Lodge Die in der Nähe von Purros auf einem Hügel über dem Hoarusib-Fluss gelegene Lodge (siehe „Unsere Favoriten", S. 78/79) ist eine der abgelegensten des Landes mit einem türkisen Schwimmbad, Bücherei und Open-Air-Lounges. In den sieben Chalets mit 70 Quadratmetern Fläche können nur maximal 18 Gäste unterkommen. Die 160 Quadratmeter große Presidential Suite bietet Platz für vier Personen. Am Abend leuchten

Tipp

Heiß gegrillt

Das Wort Braai stammt aus dem Afrikaans und bedeutet „braten". Anderswo sagt man „Barbecue" dazu, in Deutschland spricht man vom „Grillabend". Aber wie immer man es auch nennt: Entscheidend ist das Gemeinschaftserlebnis in der Familie und mit Freunden, meist bei gleicher Rollenverteilung: Während die Männer am Grill stehen und das Fleisch braten, bereiten die Frauen in der Küche Gemüse, Salate und den unverzichtbaren Millipap vor – einen einfachen Maisbrei. Aber zu einem richtigen Braai gehört natürlich auch viel Fleisch: Steaks, Burenwurst, Lamm und häufig auch Wild.

Tipp

Legendärer Pass

Der **Van-Zyl's-Pass** gehört zu den steilsten befahrbaren Pässen im gesamten südlichen Afrika. Die 13 Kilometer lange Passstraße, die von den Hochebenen des Kaokovelds in das Tal des Marienflusses führt, ist nur in Ost-West-Richtung (also bergab) zu befahren und gilt als hohe Schule für Geländewagenfahrer. Von Opuwo geht es auf der Schotterstraße D3703 nach Etanga und Otjitanda im Nordwesten. In Otjitanda biegt man nach links ab zum Van Zyl's Pass. Der Pass sollte nur mit Vierradantrieb und viel Erfahrung befahren werden. Teilweise muss das Auto gehalten werden, damit es nicht zur Seite kippt. Da man den Pass nur bergab bewältigen kann, führt der Rückweg entweder über Purros oder den unweit gelegenen Otjihaa-Pass.

Kerzen den Weg zum Speisesaal, wo den Besucher eine Mischung aus namibischem und italienischem Essen à la Bonheur erwartet (Okahirongo Lodges and Camps, Tel. 065 68 50 18, www.okahirongolodge.com).

€€€ **Serra Cafema** Das Camp (siehe Unsere Favoriten, S. 78/79) gehört zu den schönsten in ganz Namibia. In völliger Einsamkeit am Kunene-Fluss an der Grenze zu Angola gelegen, ist Serra Cafema mit seinen acht Luxuszelten ein Hort der Ruhe. Die Chalets sind einfach, aber stilvoll eingerichtet, unten rauschen die Stromschnellen. Anreise nur mit dem Flugzeug (Serra Cafema, c/o Wilderness Safaris, Tel. 00271 18 07 18 00, www.wilderness-safaris.com).

⑩ Ruacanafälle

Auf fast 700 Metern Breite stürzt sich der namibisch-angolanische Grenzfluss Kuene mehr als 120 Meter in die Tiefe. Direkt am Wasserfall befindet sich das größte Elektrizitätswerk Namibias. Weil ein Großteil des Wassers zur Stromerzeugung benötigt wird, zeigen die Ruacanafälle sich nur bei Hochwasser von ihrer spektakulären Seite, die sie auch über die Grenzen Namibias hinaus bekannt gemacht hat.

⑪ Epupafälle

Bei den Epupafällen stürzt sich der ganzjährig Wasser führende Fluss Kuene mehr als 40 Meter in die Tiefe. Jahrelang war der Name „Epupa" hier in aller Munde, weil die namibische Regierung in der Nähe einen riesigen Staudamm zur Energiegewinnung bauen wollte. Mittlerweile ist das Thema jedoch vom Tisch. Unmittelbar an den Fällen liegt ein gesicherter Campingplatz mit Freiluftduschen und -toiletten aus Bambus. Vorsicht vor Krokodilen!

Genießen   Erleben   Erfahren

Dem Himmel so nah

DuMont Aktiv

Es gibt nichts Vergleichbares. Auf keine andere Weise kann man die Skelettküste mit ihrer tosenden Brandung, den einsamen Sandstränden und Dutzenden von Schiffswracks besser entdecken als auf einer Flugsafari. Die ist zwar nicht billig – dafür bleiben die Bilder aber auch lange im Gedächtnis. Schon seit vielen Jahren fliegen die Söhne des legendären Buschpiloten Louw Schoeman Touristen an die Skelettküste und bis ins Kaokoveld. Heute verfügt ihr Unternehmen gleich über drei Camps: eines bei Kuidas in den Ugab-Bergen, eines bei Purros im Hoanib-Tal und eines am Kunene-Fluss an der Grenze zu Angola.

Atemberaubend schön sind die Ausblicke aus der Luft, spektakulär die Landschaften, grandios die Lichtstimmungen. Mit etwas Glück bekommt man aus dem Flieger heraus sogar die seltenen Wüstenelefanten zu sehen. Zum Pflichtprogramm gehören außerdem eine Fahrt durch das malerische Hartmannstal im Kaokoveld, eine Bootstour auf dem Kunene und ein Besuch in einem Dorf der Himba-Nomaden bei Purros. Wie ein Vogel gleitet man über die Wracks von Shaunee, Dunedin Star, Henrietta und vielen anderen Schiffen, die dereinst in den rauen Wassern des Benguela-Stroms das Zeitliche gesegnet haben.

Fast schwerelos schwebt man über die phosphorfarbenen Flamingowolken von Conception Bay, die sich wie ein gesprenkelter Teppich über die Lagunenlandschaft legen, und zur Robbenkolonie von Cape Cross. Unter einem branden die Wellen des Atlantiks an die Küste, die Cessna gleitet über die wilden Wogen des Atlantiks dahin wie der Wind: Was könnte noch schöner sein?

Weitere Informationen

Eine viertägige Flugsafari mit den Schoemans kostet ab 6378 Euro: Grandiose Erlebnisse garantiert!

Buchung: Skeleton Coast Safaris, Tel. 061 224248, www.skeletoncoastsafaris.com

Über den Dünen ist die Freiheit wohl grenzenlos: Seit drei Generationen fliegt die Schoeman-Familie Touristen zu den abgelegensten Orten der Skelettküste und im Kaokoveld.

Diamanten-
fieber

Gewaltige Edelsteinfunde haben die Hafenstadt Lüderitz vor gut 100 Jahren berühmt gemacht. Im Glutofen der Namib nahm der Diamantenrausch einst seinen Anfang. Heute verdrängt Hightech die Glücksritter. Von den alten Diamantensiedlungen blieben nur noch bizarre Skelette im Wüstensand übrig – unwirtliche Orte, deren Gebäude versprengt in der Namib liegen und vom Flugsand geschliffen werden.

Kolmanskuppe: Wo einst das Diamantenfieber grassierte, wachsen heute die Dünen bis in die verfallenden Häuser hinein.

Als „Geburtsstadt des modernen Südwestafrika" wird Lüderitz auch bezeichnet. Ganz oben sieht man das nach dem ehemaligen Leiter einer Diamantengesellschaft benannte Goerke-Haus, darunter die Lese- und Turnhalle, rechts eine Gesamtansicht der am oft stürmischen Atlantik gelegenen Stadt, deren Wahrzeichen die weithin sichtbare, im Jahr 1911 errichtete evangelisch-lutherische Felsenkirche ist.

Es war ein Bahnarbeiter, der das ganze Land auf den Kopf stellte: Als Zacharias Lewala im April 1908 am „Grasplatz", wie die Deutschen den vergessenen Ort mitten in den Dünen nannten, den ersten Diamanten fand, veränderte sich die Geschichte Deutsch-Südwestafrikas schlagartig. Lewala war gerade dabei, die Gleise der Eisenbahnlinie zu fegen, die damals Lüderitz mit dem 350 Kilometer entfernten Keetmanshoop verband, als ihm etwas auffiel. Zwischen den Schienen funkelte es im Sand. War das etwa ein Metallsplitter, der sich von den Schienen gelöst hatte, ein Quarz, oder gar ein Edelstein? Pflichtbewusst lieferte Lewala den Fund bei seinem Vorgesetzten, dem deutschen Bahnvorsteher August Stauch, ab, und schon wenig später war klar, dass es sich um einen Diamanten handelte.

Über Nacht zum Millionär

Durch den Fund seines Arbeiters wurde August Stauch quasi über Nacht zum Millionär. In den Wochen nach der Entdeckung erwarb er heimlich Schürflizenzen von der Deutschen Kolonialgesellschaft und steckte nahe Lüderitz die ersten Claims ab. Bald darauf strömten so viele Diamantensucher in das Land, dass die deutsche Kolonialverwaltung den Zustrom eindämmen musste. Eilig wurde die „Diamond Area No. 1" eingerichtet. Diese reichte vom Oranje-Fluss bis zum 26. Breitengrad und erstreckte sich bis 100 Kilometer ins Landesinnere. Nach Diamantenfunden in der weiter nördlich gelegenen Spencer Bay und bei Meob Bay folgte wenig später die „Diamond Area No. 2". Insgesamt wurden etwa 5000 Schürflizenzen vergeben. An einem Ort südlich von Lüderitz, der später Märchental genannt werden sollte, fanden die Arbeiter so viele Diamanten, dass sie diese mit bloßen Händen einsammeln konnten.

Seinen Diamantenreichtum verdankt Namibia seiner Geschichte: Vor Millionen von Jahren pressten gewaltige Kräfte im Inneren des Kontinents Kohlenstoff zu

Längst sind die Glücksritter von einst weitergezogen, während ihre Hinterlassenschaften im Wüstensand verfallen.

Richtig in Szene gesetzt, hat selbst der Verfall etwas Pittoreskes. Noch heute kann man die (Geister-)Stadt Kolmannskuppe besichtigen.

Von den Annehmlichkeiten, die den hart arbeitenden Diamantenschürfern den Feierabend versüßen sollten, zeugt in Kolmanskuppe auch diese alte Kegelbahn. August Stauch, mit dem der Boom …

… begann, verlor 1931 sein Vermögen in der Weltwirtschaftskrise und starb 1947 verarmt.

Special

Wüstenpferde

Die verlassenen Pferde von Garub

Mitten in der Wüste scharen sich einige Dutzend Pferde um eine Tränke. Es sind nicht die Tiere irgendeines Farmers, sondern verwilderte Pferde, die hier der glühenden Hitze trotzen.

Als die deutschen Verbände vor den südafrikanischen Truppen flohen, ließen sie einen Großteil ihrer Ausrüstung sowie einige Dutzend Pferde zurück. Womit keiner gerechnet hatte: Am Bohrloch von Garub fanden die Tiere ausreichend Wasser, um Tagestemperaturen von 45 Grad und mehr überleben zu können. Dort vermischten sie sich mit versprengten Tieren der Südafrikaner und mit entlaufenen Tieren einer Pferdezucht im nahe gelegenen Kubub. In der Nähe des Bohrlochs haben sie bis heute überlebt.

Seit der ersten Zählung im Jahr 1985 schwankt die Zahl zwischen weniger als 100 und fast 300 Tieren. Vor allem während der Dürreperioden

Überlebenskünstler: die Pferde der Namib

1991/92, 1998/99 und 2012 bis 2016 war die Sterblichkeitsrate extrem hoch. Heute zählt die Herde der verlassenen Pferde wieder etwa 160 Tiere.

Diamanten. In der Kreidezeit spülten die Wasser des Oranje-Flusses die wertvollen Edelsteine bis zum Atlantik. In dessem Mündungsgebiet lagerten sie sich dann schließlich ab: teils am Meeresgrund, teils wurden sie von Wind und Wellen zurück in den Wüstensand gespült.

Rund eine Tonne Diamanten

In den ersten sieben Jahren nach der Entdeckung soll rund eine Tonne Rohdiamanten entdeckt worden sein, fast fünf Millionen Karat zwischen 1908 und 1915. Doch der Boom währte nicht lange. Zu Beginn des Ersten Weltkriegs eroberte Südafrika die deutsche Kolonie, das Land wurde südafrikanisches Mandatsgebiet. Mehrere Jahre lang stand der Diamantenabbau still. Die Hälfte der in Südwestafrika lebenden Deutschen wurde nach dem Krieg ausgewiesen, ihre Maschinen jedoch weiter genutzt. Die Rechte gingen an das südafrikanische Unternehmen Consolidated Diamond Mines (CDM) über. Bis Ende der 1920er-Jahre lief das Geschäft gut, doch mit der Weltwirtschaftskrise 1929 und dem folgenden Preisverfall für Diamanten wurde der Abbau im nördlichen Teil des Sperrgebiets unrentabel. 1930 stellte die Minengesellschaft CDM ihren Betrieb ein und verlegte ihn erst 1943 in das südlich gelegene Oranjemund an der Mündung des

Flink auf dem Felsen: der Klippschliefer (oder Klippdachs, ganz oben links). Oben links: Schön zwischen den Felsen gelegen – die Hütten der Cañon Lodge im Gondwana Cañon Park.

Springinsfeld: „Giants Playground" (Spielplatz der Riesen) heißen diese Felsformationen in der Nähe von Keetmanshoop.

Köcherbaumwald auf dem Gelände der Farm Gariganus nordöstlich von Keetmanshoop:
Aus den Ästen und Rinden dieses Baums stellten die San ihre Pfeilköcher her.

Nordöstlich von Keetmanshoop findet man besonders viele der meist an felsigen Hängen wachsenden Köcherbäume.

Oranje-Flusses direkt an der Grenze zu Südafrika. Bis heute ruht das Hauptaugenmerk der Förderung dort auf den Off-Shore-Vorkommen am Meeresboden. Mit aufwendiger Technik werden von dem teils staatlichen, teils privaten Unternehmen NAMDEB jährlich etwa 1,3 Millionen Karat mit einem Gesamtwert von 300 Millionen Euro aus dem Meer gefischt. Neben dem Tourismus ist der Diamantenabbau Namibias wichtigster Devisenbringer.

Der Atem der Geschichte

Ausgangspunkt für Touren zu den alten Diamantenstätten ist die Kreisstadt Lüderitz, damals wie heute der letzte zivile Außenposten im Süden Namibias, zwischen den Wogen des Atlantiks auf der

einen Seite und den Dünen der Namib auf der anderen. In Orten wie Pamona, Märchental und Elisabeth Bay südlich von Lüderitz mit ihren verwitterten Fassaden, den eingefallenen Dächern und den glaslosen Fenstern spürt man noch etwas vom Atem der Geschichte.

Das Schürfen als Martyrium

Nur mit Schaufeln und Sieben bewaffnet robbten die Männer damals durch den Sand. In Blechdosen sammelten sie alles, was den Anschein hatte, ein Edelstein zu sein. Das Schürfen per Hand und der Transport mit Ochsenwagen waren ein Martyrium. Doch die Diamantenfunde führten überall an der Küste zu einem Boom. Die eilig aus dem Boden gestanzte Diamantenstadt Kolmanskuppe

Im Camp Felix Unite am Ufer des Oranje River (ganz oben) finden auch Kanuten ihre Idylle (rechts). Weil man aber nicht immer nur outdoor aktiv sein kann, muss man zwischendurch auch mal indoor ein Päuschen machen – etwa in der „Tankstelle" des südlich von Keetmanshoop auf dem Weg zum Fish River Canyon gelegenen Cañon Roadhouse.

Unterwegs im Fish River Canyon Park: Wer die Herausforderung nicht scheut, kann das Gelände auch auf einer viertägigen Wanderung erkunden.

bei Lüderitz, wohin die Edelsteine von den Schürfstellen in der Namib geschafft wurden, blühte Anfang des 19. Jahrhunderts auf: Kasino, Kegelclub, Tanzsaal, Sporthalle, Krankenhaus mit Röntgengeräten und eine Eisfabrik, in der Wasser und Limonade hergestellt wurden, waren die Insignien des neuen Wohlstands. Eine Straßenbahn brachte jeden Morgen frisches Eis aus der Eisfabrik in die Häuser.

Kolmanskuppe und das Erbe der Zeit

Noch heute kann man die Stadt besichtigen und zwischen den Hausruinen herumlaufen. Hier liegt eine Badewanne vergraben, dort verläuft ein alter Stacheldrahtzaun. Einige Gebäude sind im Inneren bis zur Decke mit Sand bedeckt. Die trockene Wüstenluft hat die Gebäude fast hundert Jahre lang konserviert, sodass sie beinahe noch dastehen wie damals – nur ohne Menschen.

Kolmanskuppe war zwar aufgrund seiner Nähe zu Lüderitz eine der am weitesten entwickelten Diamantenstädte, aber nicht die wichtigste. Die größten Diamantencamps lagen einst bei Conception Bay an der Nordgrenze der ehemaligen „Diamond Area No. 2". Mittlerweile gehört das Gebiet zum Namib Naukluft Park. Wer das Glück hat, mit einem der Lüderitzer Tourismusunternehmen in den Park zu gelangen, dem wird der Irr-

sinn des Diamantenfiebers in Namibia mit einem Schlag bewusst: Hunderte Kilometer von der nächsten Ortschaft entfernt schälen sich mitten im Nichts der Namib die windschiefen Skelette von Siedlungen wie Holsatia, Charlottenfelder und Grillenberger aus dem Sand. Wie verlassene Filmkulissen ragen die Überreste der Schürfstätten aus der Wüste. Der Wind hat ihre Holzfassaden glatt geschliffen, viele Wände sind einfach umgekippt. Quadratkilometer um Quadratkilometer wurde hier einst der

Wüstensand abgetragen – die vielen Sandhaufen drumherum bezeugen dies nach wie vor. Mit ihren Ochsenkarren schafften damals die Arbeiter das Rohmaterial an zentrale Plätze, um dann dort die Diamanten herauszusieben. Riesige Ochsenfriedhöfe, auf denen Hunderte von Hörnern aus der Einöde ragen, zeichnen ein ganz eigenes Bild dieser Zeit. Verlassen wurden all diese Orte schon in den 1930er-Jahren. Seitdem holt sich der Wüstensand das Seine zurück: Zentimeter um Zentimeter.

Das größte Schluchtensystem Afrikas

Der Fish River Canyon ist das größte Schluchtensystem Afrikas und nach dem Grand Canyon der zweitgrößte Canyon der Erde. Einer Legende vom Stamm der Nama zufolge soll dieses Schluchtensystem entstanden sein, als eine Riesenschlange auf der Flucht vor ihren Jägern, deren Vieh sie gerissen hatte, in die Wüste entkam, sich im Todeskampf wand und dabei den Boden aufriss.

Etwas prosaischer klingt die geologische Erklärung: Danach entstand der

Rund 500 Millionen Jahre alt ist der Fish River Canyon.

Fish River Canyon wohl vor rund 500 Millionen Jahren aufgrund von tektonischen Verschiebungen im Erdinneren. Die Oberfläche sank entlang von Rissen in der Erdkruste ein, sodass sich ein breiter Graben bildete. In ihm bahnte sich der Fluss seinen Weg. Mit dem Auseinanderbrechen des Urkontinents Gondwana, der einst Afrika und Südamerika vereinte, hoben sich die Ränder an. Auf diese Weise bildete sich aus dem flachen Mäanderband der Fish River Canyon in all seiner überwältigenden Pracht.

Die reizvollsten Aktivitäten mit Kindern

Abenteuer-
spielplatz Namibia

Mit der Familie nach Afrika? In Namibia ist das problemlos möglich. Da die Fahrten mit dem eigenen Wagen meist lang sind, bietet man den Kindern zwischen den Safaris am besten etwas Abwechslung. Wir stellen sieben Orte bzw. Erlebnisse vor, die Groß und Klein begeistern.

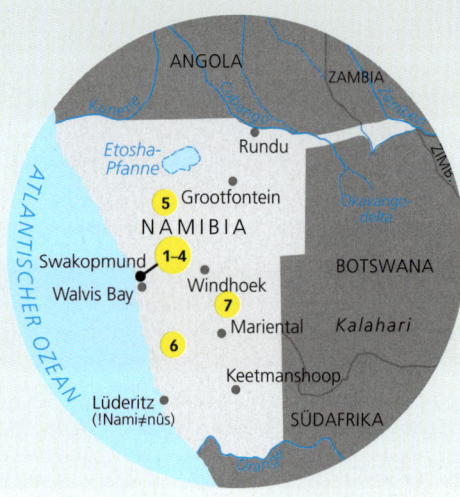

1 Zu Besuch bei den Kleinen Fünf

Wohl bei keiner Tour werden Sie Ihre Kinder begeisterter sehen als bei einem Halbtagesausflug von Swakopmund in die Dünen der Namib-Wüste (siehe DuMont Aktiv-Tipp S. 83). Wüstenkenner Chris Nel erklärt den Teilnehmern das fragile Ökosystem des UNESCO-Weltnaturerbes Namib-Wüste und spürt in den Dünen die kleinen Tiere auf, die unter dem Wüstensand leben, darunter der fast durchsichtige Palmato-Gecko (Abb. oben), das Namaqua-Chamäleon, die Weiße-Dame-Spinne und die Seitenwinder-Schlange.

Living Desert Adventures, Tel. 064 40 50 70, www. livingdesertnamibia.com

2 Haie, Rochen & Co. im National Marine Aquarium of Namibia

Was lebt in den Gewässern von Namibia? Das und andere Geheimnisse des Meeres erfahren Besucher des Aquariums von Swakopmund. Die Becken werden durch ein Filtersystem mit Meerwasser aus dem Atlantik versorgt. Für Kinder besonders beeindruckend: Das größte Becken ist zwölf Meter lang, acht Meter breit und wird von einem Tunnel durchzogen, von dem aus Haie und Rochen aus nächster Nähe bestaunt werden können. Außerdem zu sehen sind Meerestiere, die typisch für die namibischen Ge-

wässer sind, darunter Brassen, Kabeljau, Schwertfisch, Gelbflossenthunfisch, Blauhai und Ohrenrobbe. Begeistert sind die Kleinen auch von den Meeresschildkröten und natürlich von den Brillenpinguinen, die nicht größer als 70 Zentimeter werden und oft keine drei Kilo wiegen.

National Marine Aquarium of Namibia, Strand Street, Swakopmund, Tel. 064 4 10 10 00, www.namibweb.com/ aquarium.htm

3 Reptilien im Living Desert Snake Park

Schlangen, Skorpione und Reptilien: Etwa 70 verschiedene Tiere sind im Swakopmunder Schlangenpark untergebracht. Darunter sind afrikanische Schlangenarten wie die Zebraschlange und die Afrikanische Baumschlange, aber auch Tiere von anderen Kontinenten; etwa eine Albino-Klapperschlange aus Nordamerika und eine Boa Constrictor. Der mit Abstand giftigste Bewohner des Schlangenparks ist eine drei Meter lange Schwarze Mamba.

The Living Desert Snake Park, 5 Libertina Amathila Street, Swakopmund, Tel. 064 40 51 00

4 Staunen in der Kristall Gallerie

Entstanden ist die Kristall Gallerie in Swakopmund als Hobby von Unternehmensgründer Johannes Adolf Kleynhans. Heute gilt sie als eine der größten Quarz-Kristall-Sammlungen der Welt. Ausgestellt sind gigantische Kristalle, Halbedelsteine, Edelsteine und vieles mehr, darunter jede Menge Meisterwerke der Natur, zum Beispiel das größte bekannte Kristall-Cluster der Welt. Es ist 520 Millionen Jahre alt, 14 100 Kilo schwer und fast doppelt so groß wie ein durchschnittlicher Erwachsener.

Kristall Gallerie, Ecke Tobias Hainyeko/ Theo-Ben Gurirab Avenue, Swakopmund, Tel. 064 40 60 80, www. namibiangemstones.com

5 Raubkatzen ganz nah im Okonjima Game Reserve

Wer Raubkatzen liebt, für den führt kein Weg an Okonjima vorbei. Das 200 Quadratkilometer große private Reservat ist nicht nur Sitz der AfriCat-Stiftung, sondern beherbergt auch die größte Geparden-Population weltweit. Auf dem Farmgelände und auf der Rehabilitierungsstation leben zu Spitzenzeiten mehr als 100 Geparden. Für Kinder ab zwölf Jahren eignen sich besonders die Wildbeobachtungsfahrten zu den Tieren in ihren Frei-gehegen. Dort können die scheuen Raubkatzen vom offenen Geländefahrzeug aus beobachtet werden – oft weniger als fünf Meter entfernt. Okonjima ist au-ßerdem ein Rückzugsort für Leoparden, Karakale, Groß- und Kleinfleck-Gins-terkatzen, Afrikanische Wildhunde, Erdwölfe, Löf-felhunde, Honigdachse, Zorillas sowie Schlank-, Fuchs-, Zebra- und Zwerg-mangusten.

Okonjima Game Reserve, Tel. 067 68 70 32, www.okonjima.com

6 Wandern im Wüstensand

Der sogenannte Tok Tokkie Trail gehört zu den authen-tischsten Wüstenerlebnis-sen in Namibia. Auf der dreitägigen Wanderung durch die Ausläufer der Wüste entdecken Groß und Klein hautnah die Geheim-nisse der Namib wie die nebelsammelnden Tok Tok-kie-Käfer, bellende Geckos, tanzende Spinnen und Löf-felhunde. Gespeist wird am Lagerfeuer mit einem Drei-Gänge-Dinner, geschla-fen unter dem millionen-fach funkelnden Sternen-zelt der Namib.

Unlimited Travel, Tel. 061 26 45 21, www.toktokkietrails.com

7 Sterne gucken auf Tivoli

An wenigen anderen Orten der Welt gibt es so wenig Lichtverschmutzung wie in Namibia. Ein Besuch der Tivoli Southern Sky Guest Farm von Reinhold und Kirsten Schreiber etwa 180 Kilometer südöstlich von Windhoek ist deshalb ein Muss für große und kleine Sternengucker. Wer seine Kinder für die Astronomie begeistern will, der findet auf Tivoli einen Sternen-himmel von atemberau-bender Pracht mit hervor-ragend ausgestatteten Beobachtungseinrichtun-gen. Ideale Bedingungen bieten die namibischen Wintermonate von Mai bis September. Ein besonde-res Erlebnis für die Klei-nen: Bequem vom Hoch-sitz des Wildcamps aus lassen sich in der Abend-dämmerung die typischen Tiere des namibischen Farmlands wie Oryx, Spring-bock, Kudu, Blessbock, Warzenschwein und Stein-böckchen beobachten.

Tivoli Southern Sky Guest Farm, Tel. 062 58 14 05, www.tivoli-astrofarm.de

SOUTH AFRICA

Kgalagadi Transfrontier Park

7 495 Mata Mata

Tweerivier
Endpaal
Brakpan
C15
Koës
C17
Springboktrek Suid
Galbis
298
Aroab
C11 47
Warmfontein
Vredeshoop
Riefontein 105 *Stone Rondavel
Kalkheenpan
Oboqhorap
Obiekwaspits
Noonieput
Noordeweg

Augrabies Falls N. P.

Nakop
Platrant 1008
Ariamsvlei
Kums
Hamab 126 B3
Nuwefontein
Blydeverwacht
Onseepkans
1033
Velloor
C10
103
Warmbad
Ham

1049
Gross Aub
C16
170
Narubis
Schroffenstein 2202
Groenrivier 152
Nanzes
Kanus
C11
Karasburg
Kainab
Nuwefontein

Salt Pan
132
Shirley
76
171 B1
Nordeck
95
Gemsvlakte
Grünau
C22
Haib 90
Norotshama 859

5 Quiver Tree Forest *Kokerboomwoud*
Gariganus
Mukurob (Fallen Rock Finger)

Löwen
Gobas
Klein Karasberge 1622
Klein Karas
Gorges
Signalberg
Gondwana Canyon Park
76
Camkab
Tandjieskoppe 58

Grundorner B1 38
Asab 233
Brukkaros
Tses 51
81
Wasser
Tsawisis
Kameelrivier
Gawachab
Chamieltes
Holoog
C12 144

4 Keetmanshoop
Jürgen 57
Seeheim
Koubisberge
Fish River Canyon
Fish River Lodge

Extinct volcano
Brukkaros 1386
Berseba
Pfölz
Feldschuhhorn
Konkiep
Namusberge
283

Eldsemub
Kanibes
Moolfontein
Sandverhaaf
Hope
|Ai-|Ais Hot Springs
|Ai-|Ais
1378
Richtersveld Cultural Landscape

Helmeringhausen
C14 *House Schmelen*
Bethanie
Kubes
Goageb
Rock Engravings Music Stones
Kanis
Chumbege
Hunsberge
Richtersveld Transfrontier Park
Richtersveld National Park
SOUTH AFRICA

150
Gunb
369
Gulbes 111
Huib-Hochplato
Autam
Ausenkehr
Khubus
Oranjemund
Oranje

1838
Sinclair
Namtib
Tirasberge
C13 118
Tirool
3 Aus (1600) B4
Schakalskuppe
Sandykop
C13 125
Swartkloofberge
Rooiberg 1121
Roter Kamm Crater
Rosh Pinah
Witputz
Sendelingsdrif
Alexander baai
Alexanderbaai

Awasibberge 2063
1752
1977
1973
Groot Löwenberg
Garub
Tsaukaib 139
Isirub
Augub 1490

2 Tsau-||Khaeb
National Park
Chamais
Affenrücken

1139
Kirchberg
Koichab Pan
Flaalenberg 129
Grasplatz
Bogenfels Rock arch
Plumpudding Island
Sinclair's Island
Cape Dernburg
Chamais Bay

1 Lüderitz
Kolmanskop
Ghost Mining Town
Elizabeth Bay
Pomona Island
Possession Island
Albatross Rock
Pomona Island

Boots Bay
Seal I.
Penguin I.
Diaz Point
Hottentots Point

Namib Desert
Namib-Naukluft National Park

Maßstab 1:2.000.000
0   40 km

Weite und Einsamkeit

Eingebettet zwischen dem Atlantik und den Dünen der Namib ist Südnamibia das Land unermesslicher Weite und Einsamkeit. Zu den Hauptattraktionen gehören der Köcherbaumwald bei Keetmanshoop, der Fish River Canyon, das Kolonialstädtchen Lüderitz und die verlassenen Pferde der Namib.

❶ Lüderitz

Der portugiesische Seefahrer Bartolomeu Diaz landete 1487 als erster Europäer in der Lüderitzbucht. Die Stadt wurde aber erst vier Jahrhunderte später, am 12. Mai 1883, gegründet und nach dem Bremer Kaufmann Franz Adolf

Schatzsuche(r) — **Tipp**

Die schönsten und größten Diamanten Namibias wurden nördlich von Lüderitz gefunden. Auf einer geführten, sechstägigen Tour gelangt man mit dem Auto an Orte, die mehr als 100 Jahre lang nicht mehr für die Öffentlichkeit zugänglich waren. Die Fahrt führt einmal quer durch die Namib von Lüderitz nach Walvis Bay. Dazwischen liegen 600 Kilometer Sand und einige der höchsten Dünen der Erde. Eine Spazierfahrt ist der Ritt über die Dünen nicht, denn Hilfe ist unterwegs nicht zu erwarten. Keine Werkstatt, keine Tankstelle, kein Dorf weit und breit. Doch die Tour mit bis zu 16 Autos ist ein Spektakel, und nachts schläft man dann aufs Angenehmste erschöpft in seinem Zelt oder in den Dünen.

INFORMATION
Preise je nach Saison zwischen 480 und 540 Euro bei Eigenanreise und Fahrt mit dem eigenen (Allrad-!)Fahrzeug. Coastways Tours, www.coastways.com.na, und URI Adventures, www.uriadventures.com

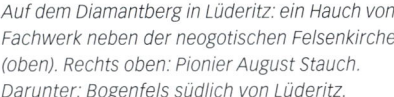
Auf dem Diamantberg in Lüderitz: ein Hauch von Fachwerk neben der neogotischen Felsenkirche (oben). Rechts oben: Pionier August Stauch. Darunter: Bogenfels südlich von Lüderitz.

Eduard Lüderitz benannt, der gehofft hatte, hier Bodenschätze zu finden. Doch der Kaufmann blieb erfolglos und musste seinen Besitz schon 1885 an die Deutsche Kolonialgesellschaft für Südwestafrika weiterveräußern. Erst 1908 wurden bei Kolmanskuppe Diamanten entdeckt. Bis 1915 entwickelte sich Lüderitz zu einem florierenden Handelshafen, der nach dem Ersten Weltkrieg an Bedeutung verlor.

SEHENSWERT/MUSEUM
Viele Fassaden in der Altstadt stammen noch aus der Kaiserzeit. Nach der Unabhängigkeit 1990 wurden sie teils großzügig restauriert. Sehenswert sind das **Kreplin-Haus**, das **Goerke-Haus**, die evangelisch-lutherische **Felsenkirche** von 1912 und der **Lüderitzer Bahnhof**. Im **Stadtmuseum** von Lüderitz sind Exponate aus der Geschichte der Stadt ausgestellt. Außerhalb lohnen der Besuch des Kreuzes von Bartolomeu Diaz auf der Diaz-Spitze und des Lüderitz-Denkmals auf der Halbinsel Shark. Gesehen haben sollte man die etwa zehn Kilometer entfernte Geisterstadt **Kolmanskuppe**, die dank reicher Diamantenvorkommen um 1910 eine der wohlhabendsten Städte der Welt war.

RESTAURANTS
Im **Bay View Hotel** in der Diaz Street (Tel. 063 20 22 88) sollte man Austern und Langusten probieren. Ein hervorragender Platz, um Meeresfrüchte zu essen, ist auch das **Ritzi's** (Tel. 063 20 28 18) in der Hafensraße: Hier steht täglich fangfrischer Atlantikfisch auf der Karte.

UNTERKÜNFTE
€€ **Lüderitz Nest Hotel** Zentrumsnah gelegen, 73 Zimmer, alle mit Blick auf den Atlantik, Aircondition, Satelliten-TV und Telefon. Das Hotel hat einen privaten Strand mit Bademöglichkeit sowie ein eigenes Schwimmbad (Tel. 063 20 40 00, www.nesthotel.com).
€€ **Shark Island Resort** Die schönste Unterkunft weit und breit mit fantastischem Blick auf die Bucht. Am schönsten ist die Übernachtung im Leuchtturm (nur vier Betten!). Allerdings müssen sich die Gäste dort selbst versorgen. Ansonsten stehen drei Chalets mit je vier Betten zur Verfügung sowie 20 Campingplätze; Pools, Bar, Restaurant (Namibia Wildlife Resorts, Tel. 061 2 85 72 00, www.nwr.com.na).

② Tsau-‖Khaeb-(Sperrge-biet)-Nationalpark

TOPZIEL Der 26 000 km² große Nationalpark liegt südlich der Teerstraße von Aus nach Lüderitz und grenzt an den Ai-Ais/Richtersfeld Transfrontier National Park. Jahrzehntelang durfte kein Besucher in das Sperrgebiet. Heute werden Touren dorthin angeboten (siehe Tipp).

③ Aus

Während der Kolonialzeit hatte die deutsche Schutztruppe in Aus einen bedeutenden Stützpunkt. Nach der Kapitulation der Deutschen unterhielt die südafrikanische Armee hier ein **Gefängnis**, das heute als Nationales Denkmal besichtigt werden kann. Im Zentrum von Aus gibt es zudem einige schön restaurierte Kolonialfassaden. Rund 20 Kilometer westlich von Aus leben die **Wüstenpferde**. Am Schnittpunkt dreier ökologischer Zonen gelegen (Dünen-Namib, Nama-Karoo und Sukkulenten-Karoo) ist dies auch Heimat von rund 500 verschiedenen Pflanzenarten – einem Fünftel der gesamten Flora Namibias.

UNTERKÜNFTE
€€ Klein Aus Vista/Desert Horse Inn 1400 Meter über Seehöhe in den Aus-Bergen gelegen, bietet das Desert Horse Inn eine grandiose Sicht auf die unendlich wirkenden Ebenen Südnamibias. Die 30 großräumigen und recht geschmackvoll eingerichteten Zimmer verfügen über Bad und WC. Nur 15 Autominuten von der Rezeption entfernt schmiegen sich die acht einsamen Chalets des Eagle's Nest an einen Berghang. Jedes der Chalets zwischen mächtigen Granitfelsen verfügt über Bad, Kochnische, Kamin und private Veranda (Gondwana Collection, Tel. 063 25 80 21, www.gondwana-collection.com).
€€ Namtib Desert Lodge Das privat geführte Biosphärenreservat nimmt eine Fläche von insgesamt 164 km² ein und liegt am Rand der Namib-Wüste in den Tirasbergen. Die Farmbesitzer offerieren verschiedene Aktivitäten wie Naturfahrten, geführte Wandertouren, Vogelbeobachtung, Wüstenwanderungen und Sternenbeobachtung. Als Unterkunft bieten sich die rustikalen Zimmer der Lodge an und der Campingplatz „Little Hunter's Rest" (Tel. 063 68 30 55, www.namtib.net).

④ Keetmanshoop

Keetmanshoop wurde im Jahr 1866 von der Rheinischen Mission gegründet. Namensgeber war der deutsche Kaufmann Johann Keetman, der die Missionare im Süden Namibias zwar finanziell unterstützte, Keetmanshoop aber selbst nie besuchte. Im Jahr 1894 wurde das

Oben: Groß und Klein auf dem Weg zur Tränke. Rechts oben: Unterwegs im Fish River Canyon. Darunter: Poolfreuden in der Cañon Lodge im Gondwana Canon Park.

Tipp

Ins Sperrgebiet
....

Wer keine ganze Woche in der Wüste verbringen will, kann sich auch für einen Tag ins Zeitalter des Diamantenfiebers in Namibia zurückversetzen lassen. Verschiedene Anbieter in Lüderitz bieten Tagestouren in den **Tsau-‖Khaeb-(Sperrgebiet)-Nationalpark** (ehemals Diamond Area No. 1) südlich der Stadt an. Diese führen meist zum 55 Meter hohen Bogenfels, in die alten Geisterstädte Pamona, Märchental und Elisabeth Bay, in eine moderne Diamantenmine und zur Robbenkolonie von Atlas Bay.

INFORMATION
Buchung zum Beispiel über Lüderitz Safaris & Tours in der Bismarck Street, Tel. 063 20 27 19

Keetmanshooper Fort von den Arbeitern der deutschen Schutztruppe gebaut, elf Jahre später die von Wilhelm Sander entworfene **Steinkirche**, die noch immer das Stadtbild prägt. Keetmanshoop ist heute ein lebhaftes Städtchen mit rund 19 000 Einwohnern.

UNTERKÜNFTE
€€ Central Lodge In der Fifth Street, direkt im historischen Zentrum und in unmittelbarer Nähe des Kaiserlichen Postamts gelegen, verfügt die Lodge über 19 komfortable Zimmer. Alle sind ausgestattet mit privatem Bad, Klimaanlage, Telefon und Satelliten-TV (Tel. 063 22 58 50, www.central-lodge.com).
€€ Quivertree Forest Rest Camp Das Camp liegt auf dem Gelände der **Farm Gariganus**, rund 13 Kilometer nordöstlich von Keetmanshoop. Zwei Gästehäuser mit je drei Zweibettzimmern, drei Iglu-Bungalows mit je einem Doppel- und einem Einzelbett, ein Familienzimmer mit Doppelbett und drei Einzelbetten sowie

---

Campingplätze bieten guten Komfort (Tel. 063 68 34 21, www.quivertreeforest.com).

⑤ Köcherbaumwald

Zwar gibt es in Namibia zahlreiche Orte, an denen die seltenen Bäume wachsen, doch keiner ist so schön wie dieser. 240 Köcherbäume stehen versprengt zwischen riesigen Granitblöcken. Die Bäume sind teilweise mehr als 200 Jahre alt. Der **Köcherbaumwald** TOPZIEL liegt auf dem Gelände der **Farm Gariganus** an der Straßengabelung der M29 und C17. Am schönsten ist der Besuch in den Morgen- und Nachmittagsstunden. Der Köcherbaumwald wurde 1955 zum Nationalen Denkmal erklärt.

⑥ Fish River Canyon

Der rund 160 Kilometer lange, an einigen Stellen bis zu 27 Kilometer breite und bis zu 550 Meter tiefe **Fish River Canyon** TOPZIEL gehört heute zum transnationalen Ai-Ais/Richtersveld Transfontier Park. Vielleicht den schönsten Überblick ermöglicht der im Jahr 2010 eröffnete Aussichtspunkt der Windhoeker Architektin Nina Maritz. Da der Fluss bereits bei Hardap in der Nähe von Mariental gestaut wird, führt er einen Großteil des Jahres nur eine geringe Wassermenge mit sich. Im Winter, während der Trockenzeit, sieht man oft überhaupt kein Wasser oder nur kleine Tümpel. Nach Regengüssen im Südsommer verwandelt sich der Fluss dagegen in einen reißenden Strom. Hellblau spannt sich dann der namibische Himmel über den Canyon, eine bizarre Welt eröffnet sich dem Besucher: Links und rechts gewaltige Felsen, dazwischen blinzeln immer wieder die drachenförmigen Blätter der Köcherbäume hervor. Hier grüßen verstohlen die stacheligen Arme einer Kandelaber-Euphorbie, dort steht eine Ansammlung mächtiger Ta-

---

Der Kgalagadi Transfrontier Park war der erste grenzübergreifende Park im südlichen Afrika.

marisken. Herero-Veilchen säumen den Weg
Vielfältigst ist auch die Tierwelt im Fish River
Canyon: Bergzebras, Kudus, Springböcke und
Oryx-Antilopen gehören ebenso zum Portfolio
wie Klippspringer und Klippschliefer – jene
murmeltierartigen Wesen, die ihre Zeit bevor-
zugt damit verbringen, zwischen den Felsen
hin und her zu eilen.

UNTERKÜNFTE

€ Cañon Roadhouse 14 Kilometer vom Tor zu
den Aussichtspunkten direkt an der Straße
zum Fish River Canyon gelegen, gibt es hier
22 gepflegte Zimmer mit Klimaanlage, Bad, ein
Schwimmbecken, eine Tankstelle und ein Erleb-
nis-Restaurant mit Bar und Terrasse. Im Cañon
Info Centre erklären Schautafeln Geologie, Flora,
Fauna und Geschichte des Canyons (Gondwana
Collection, Tel. 061 42 72 00, www.gondwana
-collection.com).

€€€ Cañon Lodge Nur 20 Kilometer vom Fish
River Canyon entfernt bietet die Cañon Lodge
30 Naturstein-Chalets mit Klimaanlage, Bad
und WC. Alle Chalets sind mit Stroh gedeckt.
Sie schmiegen sich von Weitem kaum sichtbar
an die mächtigen Granitfelsen und vermitteln
dem Gast das Gefühl, mitten in der Natur zu
wohnen (Gondwana Collection, Tel. 061 42 72 00,
www.gondwana-collection.com).

€€ Ai Ais Hot Spring Spa Das Resort liegt am
Südende des Fish River Canyon in spektakulärer Lage. Das Thermalwasser ist rund 60 Grad
heiß und reich an Sulfaten, Chloriden und Fluo-
riden. Die Anlage verfügt über sieben Premier-
Chalets, 16 Doppelzimmer mit Blick auf den
Fluss, 20 Zimmer mit Blick auf die Berge, Campingplatz, Hallenbad und Freibad. Neben dem
Hotel gibt es hier ein Restaurant und eine Tankstelle (Namibia Wildlife Resorts, Tel. 061 2 85
72 00, www.nwr.com.na).

❼ Kgalagadi Transfrontier Park

Der 38 000 km² große Kgalagadi Transfrontier
Park war der erste grenzübergreifende Park im
südlichen Afrika. Entstanden ist er durch die
Zusammenlegung des Kalahari Gemsbok National Parks in Südafrika und des Gemsbok-Natio-
nalparks in Botswana. Den Abstecher über Namibias Landesgrenzen hinaus lohnt eine reiche
Tierwelt – verschiedene Antilopenarten, Gnus,
Giraffen, Hyänen, Schakale, Geparden, Leoparden und die berühmten schwarzmähnigen Ka-
lahari-Löwen leben hier in einer faszinierenden
Umgebung zwischen feuerroten Dünen, gel-
bem Gras und leuchtend blauem Himmel. Besucher können zum Beispiel von Mariental
oder Keetmanshoop über den Grenzübergang
Mata Mata direkt in den Park einreisen. Allerdings müssen sie mindestens zwei Nächte in
einem der Hauptcamps Mata Mata, Nossob
und Twee Rivieren vorausbuchen.

INFORMATION/RESERVIERUNG
South African National Parks,
Tel. 0027 1 24 28 91 11, www.sanparks.org

Genießen   Erleben   Erfahren

Ab in die Tiefe!

**DuMont
Aktiv**

Wer eine Trekkingtour mit Maultieren in
den Fish River Canyon unternimmt, der begibt sich
auf eine Zeitreise in die Entstehungsgeschichte der Erde. 160 Kilometer mes-
sen die weit gewundenen Schleifen, in denen sich der Fluss seinen Weg in
Richtung Süden fräst. Die gigantischen Ausmaße machen das Ganze zum
größten Canyon-System Afrikas und zum zweitgrößten der Welt – nach dem
Grand Canyon in den USA.

Hellblau spannt sich der
Himmel am Morgen über den Canyon.
Nichts ist zu hören außer dem Kla-
ckern der Hufe auf den Felsen. „Kaum
irgendwo in Namibia findet man eine
so spezielle Flora und Fauna wie hier",
sagt Mannfred Goldbeck, der es wissen muss. Seit geraumer Zeit bastelt
er erfolgreich an seinem Traum,
durch strategischen Kauf von Farmen
ein riesiges, von Zäunen und Stacheldraht befreites privates Naturreservat
zu schaffen. Bereits im Jahr 1995
gründete Goldbeck mit einigen Freunden den privaten Gondwana Cañon
Park. Heute besteht seine Gondwana
Collection aus vier privaten Natur-
parks und insgesamt 14 Unterkünften
im ganzen Land. Sie folgen alle der
gleichen Idee, die hier am Fish River

Canyon geboren wurde: Ein nachhaltiger, den ökologischen Erfordernissen
gerecht werdender Tourismus soll sukzessive die Farmwirtschaft ersetzen.

Geführte Wanderungen …

… durch den Fish River Canyon bietet das
zur Gondwana Collection gehörende Unternehmen Mule Trails Namibia an. Ein viertägi-
ges Muli-Trekking kostet inklusive drei Übernachtungen und voller Verpflegung 6900 Na-
mib-Dollar, umgerechnet 405 Euro.
Buchung: Mule Trails Namibia, Tel. 061 42 72 00,
www.gondwana-collection.com

Outdoorfreuden: Moondancing in der Wüste, Hererofrauen bei Purros in ihrer traditionellen Tracht. Und womit man in Namibia immer mal wieder rechnen muss: Elefanten kreuzen die Straße wie hier im Caprivizipfel.

Service

Praktische Informationen für die Reise und einiges Wissenswerte über Namibia haben wir hier für Sie zusammengetragen.

Anreise

Seit der Unabhängigkeit 1990 bietet Air Namibia internationale Flüge von und nach Namibia. Je nach Saison viermal die Woche, Ende Juni bis Ende März sogar täglich fliegt die nationale Fluglinie Windhoek in etwa 9,5 Stunden von Frankfurt aus an. Weitere Informationen und Buchung: Air Namibia, Büro Frankfurt, Kaiserstraße 77, 60329 Frankfurt am Main, Tel. 069 7 70 67 30 00, www.airnamibia.com. Seit 2014 bedient auch Condor zweimal wöchentlich Windhoek von Frankfurt aus. Seit Juni 2016 fliegt Condor einmal in der Woche auch von München aus die namibische Hauptstadt an. Buchung: Tel. 0180 6 76 77 67 (0,20 €/Anruf), www.condor.com. Verbindungen von Deutschland über Johannesburg oder Kapstadt nach Namibia offeriert South African Airways: South African Airways, Darmstädter Landstr. 125, 60598 Frankfurt, Tel. 069 29 98 03-20, www.fly saa.com. Der Hosea Kutako International Airport liegt ca. 40 Kilometer östlich der Hauptstadt. Die Fahrt in die Innenstadt dauert mit dem Pkw rund 30 Minuten.

Aktivitäten

Namibia entwickelt sich immer mehr zu einem Land für Outdoor-Freunde. Egal, ob Wildwasser-Raften auf dem Oranje-Fluss, Quad-Biken bei Swakopmund, Sandboarden in den Dünen hinter Walvis Bay, Trekking in den Naukluft-Bergen, Wandern im Fish River Canyon oder Bergsteigen am Brandberg: Das Angebot ist groß. Wer sich einen Überblick verschaffen will, für den gibt es die kostenlose englischsprachige Broschüre „Namibia Holiday & Travel. The official Namibian Tourism Directory", die in

Deutschland über das Namibia Tourist Board (NTB) erhältlich ist. Vor Ort informieren die Reisebüros in Windhoek und Swakopmund über das breitgefächerte Angebot.

Auskunft

Namibia Tourism Board (NTB), Schillerstraße 42–44, 60313 Frankfurt, Tel. 069 13 37 36-0, www.namibia-tourism.com

Autofahren

Vorsicht ist geboten, denn selbst die Schotterpisten sind meist gut befahrbar und verleiten zu überhöhter Geschwindigkeit. Man sollte sich allerdings in jedem Fall an die Vorschriften halten: In Ortschaften gelten 60 km/h, auf Schotterstraßen 70 km/h, auf Asphaltstraßen 120 km/h. Achtung: In Namibia herrscht Linksverkehr! Tipp für lange Überlandfahrten: Stets ausreichend Wasser und einen Extra-Kanister mit Benzin mit sich führen. Grundsätzlich gilt es, jede sich bietende Tankmöglichkeit zum Nachtanken zu nutzen. Wer auf Nummer sicher gehen will, der kauft sich eine Landkarte mit eingezeichneten Tankstellen. Außerdem wichtig: Auf keinen Fall nachts reisen, denn viele Gebiete sind nicht eingezäunt, Wild und Haustiere laufen frei herum.

Bahn

Sehr lohnenswert ist eine Fahrt mit dem zwischen Windhoek und Swakopmund sowie zwischen Lüderitz und Tsumeb pendelnden Luxuszug **Desert Express** (www.transnamib.com.na).

Schön ist auch eine Fahrt mit dem Omugulu Gwombashe Star, der zwischen Windhoek und Oshivelo östlich des Etosha-Nationalparks zwischen Windhoek und der Küste verkehrt.

Bus

Das Bussystem Namibias ist gut ausgebaut, als ausschließliches Fortbewegungsmittel für Touristen ist es jedoch ebensowenig wie die Bahn zu empfehlen, da die meisten Sehenswürdigkeiten abseits der Routen liegen. Zu empfehlen sind die Busse nur, um etwa mit dem Intercape Mainliner von Windhoek nach Walvis Bay, Swa-

Champagnerfrühstück in der Wüste

kopmund, Grootfontein, Rundu, den Viktoriafällen, Johannesburg und Kapstadt zu kommen (www.intercape.co.za). Die einfache Strecke Windhoek–Kapstadt kostet etwa 41 €, die Strecke Windhoek–Swakopmund circa 12 €.

Botschaften und Konsulate

Deutsche Botschaft, Sanlam Center, 6. Stock, Independence Avenue 145, Windhoek, Tel. 061 27 31 00, www.windhuk.diplo.de. Mo.–Do. 7.30 bis 16.45 Uhr.
Österreichisches Generalkonsulat, Schäferstr. 5, Windhoek, Tel. 061 22 21 59, www.austrian-consulate.com.
Schweizer Generalkonsulat, Independence Avenue 175, Windhoek, Tel. 061 22 38 53 (mobil), www.eda.admin.ch.
Botschaft der Republik Namibia in Deutschland, Reichsstr. 17, 14052 Berlin, Tel. 030 2 54 09 50, www.namibia-botschaft.de.

Camping

Wildes Campen ist nicht zu empfehlen, weil viele Grundstücke und Farmen Privateigentum sind. In jedem Fall sollte der jeweilige Farmer vorher um Erlaubnis gefragt werden. Die Naturschutzgebiete sowie einige der privaten Gästefarmen und Lodges verfügen über gute Campingplätze. Im **Beherbergungsführer** des Namibia Tourism Board (NTB) findet sich bei vielen Unterkünften das Camping-Symbol.

Essen und Trinken

Besonders zu empfehlen sind Wildgerichte wie Oryx-Antilope, Springbock und Kudu. Großer Beliebtheit erfreut sich auch Straußenfleisch. Eine Spezialität ist Biltong – luftgetrocknetes Fleisch von Rind oder Kudu, eine kleine Knabberei für zwischendurch oder zum Sundowner. Dünne Fleischstreifen werden mit Salz, Pfeffer, Koriander, Essig und Bikarbonat gepökelt und anschließend luftgetrocknet auf einem Teller serviert. Etwas mehlig, dafür reich an Protein sind die auf vielen Märkten im Land verkauften getrockneten Mopane-Raupen. Die fünf bis acht Zentimeter langen Insekten werden in der Regel mit Tomaten, Chili und Zwiebeln zu einem Eintopf gekocht. Vielerorts gibt es sie

auch geröstet in Tüten als Snack. Probieren sollte man das Windhoek-Lager-Bier.

Feiertage

Neujahr: 1. Januar
Unabhängigkeitstag: 21. März
Ostern: März/April
Tag der Arbeit: 1. Mai
Cassinga-Tag (Erinnerung an den Unabhängigkeitskampf): 4. Mai
Christi-Himmelfahrt: Mai
Afrika-Tag: 25. Mai
Herero-Tag (Helden-Gedenktag): 26. August
Tag der Menschenrechte: 10. Dezember
Weihnachten: 25. Dezember
Familientag: 26. Dezember

Gästefarmen

Gästefarmen sind eine gute und günstige Unterkunftsmöglichkeit. Neben Unterkunft und

Info

Sandfahrten – die besten Tipps und Tricks

1. Vierradantrieb einschalten.
2. Vor der Einfahrt in ein Dünenfeld unbedingt Luft ablassen, um eine größere Auflagefläche zu haben. Der optimale Luftdruck liegt je nach Beladungszustand des Fahrzeugs und Sandbeschaffenheit zwischen 0,8 und 1,2 Bar.
3. Luftdruck stets kontrollieren, denn die Reibung und der heiße Sand lassen ihn während der Fahrt ansteigen.
4. Stets das vorausfahrende Fahrzeug beobachten – es gibt einem Auskunft über Schläge, Löcher und Senken.
5. Noch vor der Düne anhalten, wenn man nicht weiß, was hinter einem Dünenkamm kommt, und zu Fuß die Lage erkunden.
6. Handbremse anziehen nicht vergessen, wenn man an einer Schräge hält.
7. Die richtige Mischung aus Drehmoment und Kraft finden, um über die steilen Dünenkämme zu kommen: Mit zu viel Kraft „fliegt" man über die Düne, mit zu wenig bleibt man stecken.
8. Je nach Gefühl ganz normal anfahren oder gleich Untersetzung einschalten.
9. Im tiefen Sand Gang eher nicht wechseln, da man sonst an Drehmoment verliert.
10. Wer nicht am Scheitel stecken bleiben möchte, der sollte immer so weit über den Dünenkamm fahren, dass der Schwerpunkt des Autos bereits herüber ist. Grundregel: Hinterräder im Kamm eingraben, nicht Vorderräder.
11. Bei der Abfahrt von einer Düne keine scharfen Kurven fahren, da sich der Wagen sonst zu überschlagen droht.
12. Auch sonst keine waghalsigen Manöver fahren, da ein schwach aufgeblasener Reifen schnell von der Felge rutscht.
13. Bleibt man dennoch einmal stecken, gilt es zunächst, mit recht viel Gefühl Gas zu geben, da sich die Räder sonst noch tiefer in den Sand graben.
14. Wenn es nach vorne nicht weitergeht, rückwärts versuchen.
15. Hilft das alles nichts, dann gibt es nur noch eine Möglichkeit, wieder freizukommen: schaufeln, schaufeln, schaufeln – oder man lässt sich von einem freundlichen Mitfahrer herausziehen.

Sanddünen bis zum Horizont: südlich von Walvis Bay.

Verpflegung bieten sie oft auch Rundfahrten, Grillabende, Wanderungen und Ausritte an. Die Preise starten bei 5 € pro Nacht und Person für einen Campingplatz mit Wasser und Sanitäreinrichtung und gehen bis zu 100 € für einen Bungalow. Das Namibia Tourism Board (NTB) gibt die kostenlose Broschüre „Willkommen in Namibia – amtlicher Reiseführer" heraus, in der viele Gästefarmen aufgeführt sind.

Geld

Offizielle Währung ist der Namibia Dollar (N$). 1 N$ entspricht etwa 0,058 € beziehungsweise einem südafrikanischen Rand (ZAR). In Namibia werden beide Währungen akzeptiert. Viele Unterkünfte, Restaurants und Geschäfte akzeptieren Kreditkarten, Tankstellen meist nur Bargeld. An Geldautomaten kann man auch mit Master- oder Visa-Card (nur mit PIN!) sowie mit der Maestro-Karte Geld abheben. Wer auf Nummer sicher gehen will, der nimmt außerdem Reiseschecks in Euro mit.
Aktuelle Wechselkurse findet man im Internet unter www.oanda.com.

Tivoli Southern Sky Guestfarm: Welcome!

Gesundheit

Es sind keine Schutzimpfungen vorgeschrieben. Nur wer aus einem gelbfiebergefährdeten Land einreist, muss eine Gelbfieberimpfung nachweisen. Malaria-Prophylaxe wird nur für den Norden des Landes und den Caprivi-Streifen vor allem in der Regenzeit zwischen Dezember und März empfohlen. Unerlässlich sind Impfungen gegen Tetanus, Diphterie und Polio. Sinnvoll ist es zudem, den Schutz gegen Hepatitis aufzufrischen.

Internet

Allgemeine Zeitung Windhoek (auf deutsch): www.az.com.na
Deutsch-Namibische Gesellschaft e.V.: www.dngev.de
Namibiana-Buchdepot: www.namibiana.de
Offizielle Webseite der namibischen Regierung: www.gov.na
Private Webseite zu Namibia: www.natron.net
Schweizer Namibia-Forum: www.namibia-forum.ch

Jagen

Viele Farmen nehmen Jagdgäste auf. Die Trophäen-Jagd, die gleichzeitig den Wildbestand reguliert, findet zwischen dem 1. Februar und 30. November statt. Jagdgewehre dürfen nur mit gültigem namibischem Waffenbesitzschein eingeführt werden. Der Farmer schickt gerne vorab eine Jagdeinladung zu.
Weitere Informationen zu diesem Thema: Berufsjagdverband (NAPHA), Tel. 061 23 44 55, www.natron.net/napha.

Info

Daten & Fakten

Staat und Politik: Die Republik Namibia misst 824 292 km² und ist damit mehr als doppelt so groß wie Deutschland. Namibia zählt rund 2,1 Millionen Einwohner. Das macht 2,56 Einwohner pro Quadratkilometer, womit das Land nach der Mongolei das am zweitdünnsten besiedelte Land der Welt ist. Namibia ist seit dem Jahr 1990 ein unabhängiger Staat. Die Nationalflagge zeigt eine goldene Sonne mit zwei Oryx-Antilopen als Schildhaltern. Über dem Schild thront ein Schreiseeadler in den Landesfarben. Das Band unter dem Wappen trägt das englische Motto des Staates: „Unity, Liberty, Justice". Hauptstadt Namibias ist Windhoek, wo auch das Parlament tagt. Namibia ist eine Präsidialdemokratie, deren Staatsoberhaupt alle fünf Jahre gewählt wird und mit dem Kabinett auch einen Premierminister ernennt. Der Premierminister wird vom Präsidenten zusammen mit dem Kabinett ernannt. Das Parlament besteht aus zwei Kammern: In der Nationalversammlung (National Assembly) sitzen 72 nach dem Verhältniswahlrecht gewählte Abgeordnete, sechs durch den Staatspräsidenten ernannte Mitglieder. Im Nationalrat (National Council) sitzen 26 Mitglieder – je zwei nach Mehrheitswahlrecht in 13 Regionen gewählte Regionalräte. Die Nationalversammlung ist auch die Legislative – Gesetze können nur von ihr erlassen werden. Die Richter des höchsten Gerichts Namibias, des Supreme Court, werden vom Präsidenten eingesetzt. Besonderheit: Die namibische Verfassung von 1990 ist eine der ersten weltweit, die den Naturschutz als ein vorrangiges Staatsziel benennt.

Landesnatur und Klima: Namibia wird im Osten von Botswana, im Süden von Südafrika, im Westen vom Atlantik und im Norden von Angola begrenzt. Im Nordosten erstreckt sich der etwa 450 Kilometer lange und bis zu 50 Kilometer breite Caprivi-Zipfel. Das Klima ist heiß und trocken und wird im Westen vom kalten Benguela-Strom bestimmt. Dieser kühlt den vorherrschenden Südwestwind ab, was in der Namib wegen der Kondensation die Bildung von Regenwolken verhindert. Stattdessen gibt es in den Küstenregionen vor allem morgens regelmäßig dichten Nebel. Die Temperaturen an der Küste sind im Sommer meist angenehm kühl, in den Wintermonaten durchaus kalt. Die Wassertemperatur steigt selten über 15 Grad. Das Klima im Landesinneren ist je nach Höhenlage kühler. Der Caprivi-Zipfel ist geprägt von häufigen Niederschlägen. Diese schufen ein ausgedehntes Flusssystem und einen dicht bewachsenen tropischen Urwald.

Bevölkerung: Namibia ist ein Vielvölkerstaat. Ethnische Gruppen sind die San, Damara, Ovambos, Kavangos, Herero, Himba, Caprivianer, Rehobother Baster und Weiße.

Sprache: Die offizielle Amtssprache ist Englisch. Gesprochen werden zudem Deutsch, Afrikaans, Oshivambo, Kwanyama, Ndonga, Rukwangali, Herero, Lozi und Khoekhoegowab. Die meisten Namibier sprechen als Zweitsprache Afrikaans. Deutsch ist die Muttersprache von etwas mehr als einem Prozent der Bevölkerung (etwa 20 000 Einwohner) und Zweitsprache eines Großteils der weißen Einwohner sowie eines kleinen Teils der schwarzen Bevölke-

rung (etwa 55 000 Einwohner). Vor allem im Tourismus ist Deutsch wegen der vielen deutschen Gäste eine wichtige Verkehrssprache.

Religion: Rund 87 Prozent der Namibier sind Christen, davon etwa 50 Prozent Lutheraner und 20 Prozent Katholiken, fünf Prozent Niederländische Reformierte und fünf Prozent Anglikaner, dazu einige kleinere Kirchen wie Baptisten, neuapostolische Christen und Mitglieder der African Methodist Episcopal Church. Die übrigen Einwohner sind größtenteils Anhänger traditioneller Naturreligionen.

Wirtschaft und Tourismus: Neben dem Bergbau (12 Prozent) ist der Tourismus mit etwa 11 Prozent des Bruttoinlandsprodukts der zweitwichtigste Wirtschaftszweig des Landes. In den letzten Jahren reisten im Schnitt fast eine Mio. Touristen nach Namibia. Deutschland ist der wichtigste Quellmarkt mit jährlich rund 86 000 Gästen. Eine große Rolle spielen auch die Fischerei und die Landwirtschaft. Rund 50 Prozent des namibischen Exports kommen vom Bergbau, vor allem von den Diamantenvorkommen im ehemaligen Diamantensperrgebiet im Süden des Landes und von den reichen Vorkommen von Uranerz. Gefördert werden auch große Mengen Kupfer, Silber, Gold, Blei, Zink, Magnesium, Cadmium, Arsenik, Pyrit und Gesteine wie Granit, Marmor, blauer Sodalith und verschiedene Halbedelsteine. Exportiert werden aber auch Rind-, Schaf- und Straußenfleisch, Fisch, Tierhäute und Schaffelle. Wichtigster Handelspartner Namibias ist Südafrika, gefolgt von der Europäischen Union (EU) und ihren Mitgliedsstaaten.

Geschichte

Vor 12 bis 15 Mio. Jahren: In der Nähe von Otavi gefundene Kieferfragmente belegen, dass hier schon damals Hominiden lebten.
28 000 v. Chr.: Entstehung der ersten Felszeichnungen durch die Urbevölkerung Namibias, vermutlich San (Buschleute).
7./6. Jh. v. Chr.: Herodot beschreibt die Umrundung Afrikas durch phönizische Seefahrer. Sie könnten auch in Namibia gelandet sein. Beweise dafür gibt es jedoch nicht.
1486: Der portugiesische Seefahrer Diogo Cão landet als erster Europäer beim heutigen Cape Cross und stellt dort ein Kreuz auf.
1487/88: Der Portugiese Bartholomeu Diaz landet in der Bucht von Angra Pequeña bei Lüderitz und errichtet dort als Beweis ebenfalls ein Kreuz.
16./17. Jh.: Zuwanderung von Bantustämmen (Vorfahren u.a. der Herero und Himba) aus dem Norden in das heutige Namibia.
Ende 18. Jh.: Amerikanische und britische Walfänger jagen in den kalten Gewässern vor der Küste Namibias.
um 1800: Erste Gruppen der Nama ziehen aus dem heutigen Südafrika nach Norden, erste Auseinandersetzungen mit den Herero.
1805: Im Auftrag der Londoner Missionsgesellschaft lassen sich Abraham und Christian Albrecht nördlich des Oranje-Flusses nieder, zehn Jahre später gründet der Deutsche Heinrich Schmelen Bethanien.
Um 1840: Nama unter ihrem Anführer Jonker Afrikaner lassen sich in Windhoek nieder.
Mitte 19. Jh.: Zuspitzung der Auseinandersetzungen zwischen den Nama aus dem Süden und den Herero im Norden.
1878: Die Briten erklären das Gebiet um Walvis Bay aus Angst um den Machtzuwachs des Deutschen Reiches zu ihrem Besitz.

Neue Wege? Himba-Siedlung bei Kamanjab.

1883: Der Deutsche Heinrich Vogelsang kauft im Namen des Kaufmanns Adolf Lüderitz erstes Land von den Nama.
1884: Adolf Lüderitz beantragt bei Reichskanzler Bismarck den Schutz seines Eigentums in Afrika. Die Stadt Lüderitz wird zum deutschen Protektorat erklärt, weitere Landkäufe folgen.
1886: Ein Vertrag mit den Portugiesen legt die Nordgrenze des deutschen Protektorats fest: Grenze ist der Kunene-Fluss.
1889: Der Schutztruppen-Gouverneur Curt von François trifft mit 21 Mann in Walvis Bay ein, wenig später verlegt er seinen Hauptstützpunkt nach Windhoek.
1890: Helgoland-Sansibar-Vertrag: Das Deutsche Reich erhält im Austausch für Sansibar Helgoland und den fortan nach dem deutschen Reichskanzler Leo von Caprivi benannten Caprivi-Streifen, der den Zugang zum Sambesi und den Märkten in Ostafrika ermöglichen soll.
1904–1907: Die Deutsche Schutztruppe schlägt Aufstände der Nama und Herero brutal nieder. In der Schlacht am Waterberg 1904 und der darauf-

folgenden Flucht ohne Wasser und Lebensmittel finden Dreiviertel der Herero den Tod.
1914: Nach dem Ausbruch des Ersten Weltkriegs marschieren südafrikanische Truppen in Deutsch-Südwestafrika ein.
1915: Die deutsche Schutztruppe kapituliert. Ende der deutschen Kolonialzeit in Namibia.
1919: Im Versailler Vertrag wird Südwestafrika dem Völkerbund unterstellt. Das Gebiet wird fortan von Südafrika verwaltet.
1945: Die UNO übernimmt das Mandat für Südwestafrika. Südafrika erkennt dies nicht an und verwaltet das Gebiet weiterhin.
ab 1964: Ausweisung von Homelands für die schwarze Bevölkerung.
1966: Beginn des bewaffneten Widerstands unter Führung der South West African People's Organisation (SWAPO) gegen die südafrikanische Besatzungsmacht.
1973: Die Vereinten Nationen erkennen die SWAPO als rechtmäßigen Vertreter des namibischen Volkes an.
1978: Nach den (auf internationalen Druck stattfindenden) Wahlen regiert die Turnhallen-Allianz (DTA of Namibia), ein Zusammenschluss verschiedener politischer Gruppierungen, mit eingeschränkter Autonomie.
1983: Die DTA schafft bald nach den Wahlen die Apartheids-Gesetze ab, tritt dann aber wegen immer stärker werdender südafrikanischer Einflussnahme geschlossen zurück.
1989: Das politische Tauwetter in Europa löst auch in Namibia den Friedensprozess aus. Nach den ersten freien Wahlen unter UN-Aufsicht wird die SWAPO stärkste politische Kraft des Landes.
21. März 1990: Namibia wird unabhängig, Sam Nujoma der erste frei gewählte Staatspräsident des Landes.
2004: Die damalige deutsche Entwicklungsministerin Heidemarie Wieczorek-Zeul bittet die Herero für den von deutschen Kolonialherren begangenen Völkermord im Jahr 1904 um Entschuldigung.
15. November 2004: Nach drei Amtszeiten Sam Nujomas wird sein langjähriger SWAPO-Gefolgsmann Hifikepunye Pohamba zum Präsidenten gewählt (zweite Amtszeit ab 2010).
26. Juni 2008: Der deutsche Bundestag lehnt Reparationszahlungen an die Herero ab.
15. März 2012: Angola, Botswana, Namibia, Sambia und Simbabwe eröffnen offiziell den KAZA-Park, das zweitgrößte zusammenhängende Natur- und Umweltschutzgebiet der Welt.
28. November 2014: Präsidentschafts- und Parlamentswahlen in Namibia. Erstmals in der Geschichte des Landes finden diese Wahlen an nur einem Tag statt, die Wahlbeteiligung liegt bei 71,7 %.
21. März 2015: Der SWAPO-Politiker Hage Geingob wird mit mehr als 86 Prozent der Stimmen als dritter Präsident des unabhängigen Namibia vereidigt.

Lang lebe die (junge) Republik Namibia: Szenen aus der bewegten Historie des Landes im Unabhängigkeitsmuseum in der namibischen Hauptstadt Windhoek.

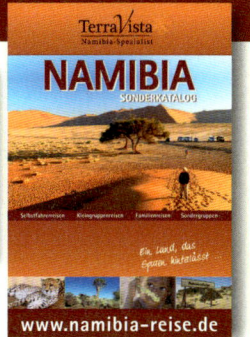

„Peters Antiquitätenladen" in Swakopmund.

Literaturempfehlungen

Iwanowski's Namibia, 29. Aufl. 2016/2017. Das Standardwerk mit vielen individuellen Reisetipps.

Henno Martin, Wenn es Krieg gibt, gehen wir in die Wüste, 2002. Zwei Deutsche versteckten sich im 2. Weltkrieg in den Schluchten des Kuiseb, um der Internierung zu entgehen.

Uwe Timm, Morenga, 2000. Packender Roman über den Krieg gegen Hereros und Hottentotten.

Lodges

Die Unterkünfte sind in der Regel von gehobenem Niveau, verfügen oft über ein eigenes Wildschutzgebiet mit Wasserstellen zur Tierbeobachtung und ausgebildeten Wildhütern. Sämtliche Lodges in den Nationalparks, also auch Zelt- und Campingplätze, müssen im Voraus bei Namibia Wildlife Resorts (NWR), Tel. 061 2 85 72 00, www.nwr.com.na, reserviert werden. Vorherige Reservierung ist immer zu empfehlen.

Mietwagen

Wer sich für eine Selbstfahrertour entscheidet, der sollte seinen Wagen am besten schon von Deutschland aus buchen. Das ist wegen des einfachen Preisvergleichs im Internet meist nicht nur günstiger, auch die Auswahl ist größer. Ein vierradgetriebener Wagen (z. B. Nissan Off Road) mit Zelt auf dem Dach und Campingausrüstung kostet pro Tag ab 100 €, dafür sind dann aber auch die Übernachtungen schon im Preis inbegriffen. Günstiger sind Kleinwagen. Einen Opel Corsa gibt es schon ab 50 € am Tag. Zu den verlässlichsten und preiswertesten Autovermietungen zählen Asco Car Hire, Tel. 061 37 72 00, www.ascocarhire.com und KEA Campers, Tel. 062 54 06 60. Buchung in Deutschland unter Tel. 089 1 89 32 50 55 00 bzw. unter www.keacampers.com oder www.camperboerse.de/kea. Gut und günstig ist Kwenda Safaris, Tel. 08856 9 36 77 20, www.kwenda safari.com.

Notruf

Für den Notfall oder bei einem Unfall: Die landesweite Polizei-Notrufnummer lautet 10111, Krankenwagen 10177, Notrufzentrale vom Mobiltelefon aus 112.

Öffnungszeiten

Geschäfte: Mo.–Fr. 8.00–17.00,
Sa. 8.30–13.00 Uhr
Behörden: Mo.–Fr. 8.00–15.30 Uhr
Banken: Mo.–Fr. 9.00–15.30, Sa. 8.00–11.00 Uhr

Reisedokumente

Deutsche, Österreicher und Schweizer benötigen für die Einreise kein Visum. Der Reisepass muss allerdings noch mindestens eine Gültigkeitsdauer von sechs Monaten über das Rückreisedatum hinaus haben. Der Einreisestempel, der an allen offiziellen Grenzübergängen in den Pass gestempelt wird, hat eine Gültigkeitsdauer von drei Monaten.

Reisezeit

Das gesamte Jahr über herrschen angenehme Temperaturen – an rund 300 Tagen scheint die Sonne. Am angenehmsten ist das Reisen in der Trockenzeit zwischen April und Oktober. Dann liegen die Tagestemperaturen zwischen 20 und 25 Grad, nachts kühlt es auf bis zu acht Grad ab. Großer Vorteil dieser Zeit: Das Gras steht nicht so hoch, wilde Tiere sind gut zu sehen und konzentrieren sich an den Wasserstellen.

Restaurants

Preiskategorien

€ € €	Dinner for two	ab 50	€
€ €	Dinner for two	ab 20	€
€	Dinner for two	bis 20	€

Restaurantempfehlungen stehen im Infoteil der jeweiligen Kapitel.

Sicherheit

Namibia ist ein relativ sicheres Reiseland. Es gelten die üblichen Vorsichtsmaßnahmen: Kameras und Schmuck sollte man nicht offen spazieren tragen, in den größeren Städten wie Windhoek und Swakopmund sollten vollgeladene Autos nicht unbeaufsichtigt geparkt werden. Nicht anzuraten ist es, auf kleinen, unbewirtschafteten Rastplätzen entlang der Landstraßen zu campen.

Souvenirs

Zu den beliebtesten Mitbringseln zählen Holzschnitzereien wie Giraffen, Elefanten und Flusspferde. Es gibt auch schönen Holzschmuck.

Telefon

Die Vorwahl von Namibia lautet 00264, die Vorwahl aus Namibia nach Deutschland 0049, nach Österreich 0043, in die Schweiz 0041. Deutsche Mobiltelefone funktionieren in allen größeren Städten. Preiswerter als mit den deutschen Handys telefonieren kann man mit Telefonkarten in öffentlichen Telefonzellen. Telefonkarten im Wert von N\$ 10, N\$ 20, N\$ 50 sind bei der Post und in Teleshops erhältlich.

Unterkünfte

Preiskategorien

€ € €	Nacht/Person	über 120	€
€ €	Nacht/Person	50–120	€
€	Nacht/Person	30–50	€

Unterkunftsempfehlungen stehen im Infoteil der jeweiligen Kapitel.

Ein ehemaliger Bahnhof als „Hotel & Entertainment Center" in Swakopmund.

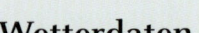

Wetterdaten

Windhoek

	TAGES-TEMP. MAX.	NACHT-TEMP. MIN.	TAGE MIT NIEDER-SCHLAG	SONNEN-STUNDEN PRO TAG
Januar	30°	17°	7	8
Februar	28°	16°	8	8
März	27°	15°	8	8
April	26°	12°	4	9
Mai	23°	9°	1	9
Juni	20°	7°	0	10
Juli	20°	6°	0	10
August	23°	9°	0	10
September	27°	12°	0	10
Oktober	29°	14°	2	10
November	30°	16°	3	10
Dezember	31°	17°	5	10

Info

Lauschiges Plätzchen: im Etosha-Nationalpark.

Wetterdaten

Swakopmund

	TAGES-TEMP. MAX.	NACHT-TEMP. MIN.	TAGE MIT NIEDER-SCHLAG	SONNEN-STUNDEN PRO TAG
Januar	20°	16°	0	7
Februar	20°	17°	1	7
März	20°	14°	0	7
April	19°	13°	1	8
Mai	19°	11°	0	8
Juni	20°	10°	0	8
Juli	17°	9°	0	8
August	16°	9°	0	7
September	15°	9°	0	6
Oktober	16°	11°	0	7
November	18°	13°	0	7
Dezember	19°	14°	0	6

Info

Register

Impressum

3. Auflage 2017
© DuMont Reiseverlag, Ostfildern

Verlag: DuMont Reiseverlag, Postfach 3151, 73751 Ostfildern, Tel. 0711/4502-0,
Fax 0711/4502-135, www.dumontreise.de
Geschäftsführer: Dr. Thomas Brinkmann, Dr. Stephanie Mair-Huydts
Programmleitung: Birgit Borowski
Redaktion: Robert Fischer (www.vrb-muenchen.de)
Text: Fabian von Poser
Exklusiv-Fotografie: Tom Schulze
Titelbild: Matthieu Colin/hemis.fr/laif
Zusätzliches Bildmaterial: DuMont-Bildarchiv/Clemens Emmler (S. 19 l.o.,
50/51), Getty Images/Manfred Bail (S. 19 l.u.), Getty Images/Pete Walentin (S. 19
r.u.), Fabian von Poser (S. 18 l., 25 u., 29 l., 78 l./o., 69 o., 79 o.l./o.r./u.r., 100 u.,
101 o./u.l., 112 l., 113 o.r., 116 u./124 u.), Rene Mattes/hemis.fr/laif (S. 23 r.,
113 u.l./u.r.)
Vektorgrafiken: iStockphoto (S. 5, 78 und 83), Shutterstock (18, 112)
Grafische Konzeption, Art Direktion: fpm factor product münchen
Cover Gestaltung: Neue Gestaltung, Berlin
Layout: CYCLUS · Visuelle Kommunikation, Stuttgart
Kartografie: © MAIRDUMONT GmbH & Co. KG, Ostfildern
Kartografie Lawall (Karten für „Unsere Favoriten")
DuMont Bildarchiv: Marco-Polo-Straße 1, 73760 Ostfildern,
Tel. 0711/4502-266, Fax 0711/4502-1006, bildarchiv@mairdumont.com

Für die Richtigkeit der in diesem DuMont Bildatlas angegebenen Daten –
Adressen, Öffnungszeiten, Telefonnummern usw. – kann der Verlag keine
Garantie übernehmen. Nachdruck, auch auszugsweise, nur mit vorheriger
Genehmigung des Verlages. Erscheinungsweise: monatlich.

Anzeigenvermarktung: MAIRDUMONT MEDIA, Tel. 0711 450 23 33, Fax
0711 45 02 10 12, media@mairdumont.com, http://media.mairdumont.com
Vertrieb Zeitschriftenhandel: PARTNER Medienservices GmbH, Postfach
810420, 70521 Stuttgart, Tel. 0711 72 52-212, Fax 0711 72 52-320
Vertrieb Abonnement: Leserservice DuMont Bildatlas,
Zenit Pressevertrieb GmbH, Postfach 810640, 70523 Stuttgart,
Tel. 0711/7252-265, Fax 0711/7252-333,
dumontreise@zenit-presse.de
Vertrieb Buchhandel und Einzelhefte: MAIRDUMONT
GmbH & Co. KG, Marco-Polo-Straße 1, 73760 Ostfildern, Tel.
0711 45 02 0, Fax 0711 45 02 340
Reproduktionen: PPP Pre Print Partner GmbH & Co. KG, Köln
Druck und buchbinderische Verarbeitung: NEEF +
STUMME premium printing GmbH & Co. KG, Wittingen, Printed
in Germany

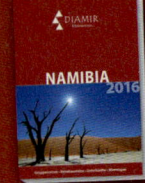
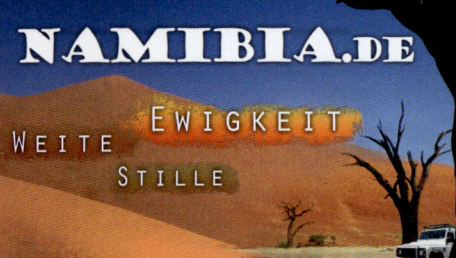

Berlin

Berlin

Große Kunst
Erwartet Sie in den Berliner Museen, nicht nur in jenen fünf, die auf der Museumsinsel liegen und von der UNESCO zum Welterbe gekürt wurden.

Wo sich die Szene trifft
Prenzlauer Berg, Kreuzberg, Friedrichshain und Neukölln – wir verraten Ihnen, welche Clubs und Bars gerade angesagt sind.

Norwegen Süden

Norwegen
Süden

Nordischer Glanz
Oslo – die kleinste Kapitale Skandinaviens – hat sich soeben mit moderner Architektur und viel Kunst neu erfunden.

Norwegen komprimiert
Bergen ist idealer Ausgangspunkt für kurze Touren mit Zug, Bus oder Boot ins Umland, wir stellen Ihnen die schönsten vor.

www.dumontreise.de

Lieferbare Ausgaben

DEUTSCHLAND
119 Allgäu
092 Altmühltal
105 Bayerischer Wald
180 Berlin
162 Bodensee
121 Brandenburg
175 Chiemgau, Berchtesg. Land
013 Dresden, Sächs. Schweiz
152 Eifel, Aachen
157 Elbe und Weser, Bremen
125 Erzgebirge, Vogtland
168 Franken
020 Frankfurt, Rhein-Main
059 Fränkische Schweiz
112 Freiburg, Basel, Colmar
028 Hamburg
026 Hannover zw. Harz u. Heide
042 Harz
062 Hunsrück, Naheland, Rheinhessen
023 Leipzig, Halle, Magdeburg
131 Lüneburger Heide, Wendland
133 Mecklenburgische Seen
038 Mecklenburg-Vorpommern
033 Mosel
114 München
047 Münsterland
015 Nordseeküste Schleswig-Holstein
006 Oberbayern
161 Odenwald, Heidelberg
035 Osnabrücker Land, Emsland
002 Ostfriesland, Oldenb. Land
164 Ostseeküste Mecklenburg-Vorpommern
154 Ostseeküste Schleswig-Holstein
136 Pfalz
040 Rhein zw. Köln und Mainz
079 Rhön
116 Rügen, Usedom, Hiddensee
137 Ruhrgebiet
149 Saarland
080 Sachsen
081 Sachsen-Anhalt
117 Sauerland, Siegerland
159 Schwarzwald Norden
045 Schwarzwald Süden
018 Spreewald, Lausitz
008 Stuttgart, Schwäbische Alb
141 Sylt, Amrum, Föhr
142 Teutoburger Wald
170 Thüringen
037 Weserbergland
173 Wiesbaden, Rheingau

BENELUX
156 Amsterdam
011 Flandern, Brüssel
179 Niederlande

FRANKREICH
177 Bretagne
021 Côte d'Azur
032 Elsass
009 Frankreich Süden Languedoc-Roussillon
019 Korsika
071 Normandie
001 Paris
115 Provence

GROSSBRITANNIEN/IRLAND
063 Irland
130 London
138 Schottland
030 Südengland

ITALIEN/MALTA/KROATIEN
017 Gardasee, Trentino
110 Golf von Neapel, Kampanien
163 Istrien, Kvarner Bucht
128 Italien, Norden
005 Kroatische Adriaküste
167 Malta
155 Oberitalienische Seen

158 Piemont, Turin
014 Rom
165 Sardinien
003 Sizilien
140 Südtirol
039 Toskana
091 Venedig, Venetien

GRIECHENLAND/ ZYPERN/TÜRKEI
034 Istanbul
016 Kreta
176 Türkische Südküste, Antalya
148 Zypern

MITTEL- UND OSTEUROPA
104 Baltikum
122 Bulgarien
094 Danzig, Ostsee, Masuren
169 Krakau, Breslau, Polen Süden
044 Prag
085 St. Petersburg
145 Tschechien
146 Ungarn

ÖSTERREICH/SCHWEIZ
129 Kärnten
004 Salzburger Land
139 Schweiz
144 Tirol
147 Wien

SPANIEN/PORTUGAL
043 Algarve
093 Andalusien
150 Barcelona
108 Costa Brava
025 Gran Canaria, Fuerteventura, Lanzarote
172 Kanarische Inseln
124 Madeira
174 Mallorca
007 Spanien Norden, Jakobsweg
118 Teneriffa, La Palma, La Gomera , El Hierro

SKANDINAVIEN/NORDEUROPA
166 Dänemark
153 Hurtigruten
029 Island
099 Norwegen Norden
178 Norwegen Süden
151 Schweden Süden, Stockholm

LÄNDERÜBERGREIFENDE BÄNDE
123 Donau – Von der Quelle bis zur Mündung
112 Freiburg, Basel, Colmar

AUSSEREUROPÄISCHE ZIELE
010 Ägypten
053 Australien Osten, Sydney
109 Australien Süden, Westen
107 China
024 Dubai, Abu Dhabi, VAE
160 Florida
036 Indien
027 Israel
111 Kalifornien
031 Kanada Osten
064 Kanada Westen
171 Kuba
022 Namibia
068 Neuseeland
041 New York
048 Südafrika
012 Thailand
046 Vietnam